新法則化シリーズ

「図画美術」授業の新法則

基礎基本編

企画・総監督
向山洋一

編集・執筆
TOSS「図画美術」授業の新法則 編集・執筆委員会

巻頭言

「新法則化シリーズ」刊行にあたって

日本教育技術学会会長　TOSS代表
向山洋一

　1984年「教育技術の法則化運動」が立ち上がり、日本の教育界に「衝撃」を与えた。「法則化」の本は次々と出され、ベストセラーになっていった。向山著はいずれも万を超える売り上げを記録した。教育雑誌も6誌が創刊された。そして20年の時が流れ、法則化からTOSSになった。
　誕生の時に掲げた4つの理念はTOSSになった今でも変わらない。
1　教育技術はさまざまある。出来るだけ多くの方法を取り上げる。
　（多様性の原則）
2　完成された教育技術は存在しない。常に検討・修正の対象とされる。
　（連続性の原則）
3　主張は教材・発問・指示・留意点・結果を明示した記録を根拠とする。
　（実証性の原則）
4　多くの技術から、自分の学級に適した方法を選択するのは教師自身である。（主体性の原則）
　そして十余年。TOSSは「スキルシェア」のSSに加え、「システムシェア」のSSの教育へ方向を定めた。これまでの30年の歩みは、はっきりと足跡を残し、書籍、雑誌は、数えきれない。常に教師の技量向上を目指し、またその時々の教育界のテーマをとらえ課題提起してきた。理念通りに歩んできたから多くの知の財産が残ったのである。
　今年度、TOSSは新しく大きな一歩をふみ出した。新しい地を切り開いた。
　第一は、新法則化シリーズ（全教科）の発刊である。
　第二は、毎月1000円程度の会費で利用できる「TOSSメディア」の発進である。
　これまでの蓄積された情報をTOSSの精鋭たちによって、2015年発刊されたのが「新法則化シリーズ」である。
　教科ごと、学年ごとに編集されている。日々の授業に役立ち、今の時代に求められる教師の仕事の仕方や情報が満載である。ビジュアルにこだわり、読みやすい。一人でも多くの教師の手元に届き、目の前の子ども達が生き生きと学習する授業づくりを期待している。TOSSメディアと共に教育界を大きく前進させるだろう。
　教育は不易流行である。30年の歩みに留まることなく、新しい時代への挑戦である。教師が学び続けることが、日本の教育を支え、前進させることである。
　授業は流転することを求める。授業の変化の中に存在する。教師の教授活動と児童の学習活動の往復運動こそが授業である。
　教師は、教師の教授活動と児童の学習活動の向上を永久（とこしえ）に求め続ける。

まえがき

　保護者会の時、教室の背面に子どもたちの素敵な絵がいつも掲示してある教室と、一年間に一度も絵が掲示されない教室があります。
　教室に子どもたちの素敵な絵が掲示してある教室では、絵を見ようと教室に入ると、「僕の絵を見て」と寄ってくる子がいます。自分の絵に満足しているのです。保護者も我が子の絵を見つめています。「うちの子がこんな絵を描くなんてねえ」と感心しているのです。
　教室に絵が掲示されない教室の子に「君たちの描いた絵はないの？」と質問すると「先生が片付けてあるから」と言います。中には「絵はあんまり描かないから」という教室もあります。

　図画工作科の授業は子どもたちにとって楽しい時間なのです。中学生も、美術の授業を楽しみにしています。集中してものを描いたり作ったりする行為は、脳を活性化させ、心を癒やすからです。
　人は感情から老いるそうです。絵を描いて色や形の世界に浸っていると、目からたくさんの心地よい刺激が脳へ行き、感情が豊かになります。「できた」という満足感、充実感も心地よさを増幅します。
　ところが、楽しい時間になるはずの授業をつまらないと思う子が出てきます。学年が上に上がるにつれて、絵の上手な子と下手な子の差が広がってくるからです。絵の苦手な子、中には描いた絵を捨ててしまう子も出てきます。

　子どもが喜ぶ図画工作・美術科の授業にするにはどうしたらいいのでしょうか？
　授業づくりに必要なことが３つあります。
　第一に、子どもたちに良い題材を与えることです。良い題材を与えると、子どもたちは俄然意欲を発揮します。
　第二に、描き方を教えることです。「自分で工夫して描いてごらん」では先に書いた絵の苦手な子は途方に暮れるだけです。上達することが学習する喜びにつながります。
　第三に、授業には優れたシステムが必要だということです。システムを意識して授業を計画しないと、子どもはすぐに飽きてきます。子どもが学習に集中し続けるのは、一時間一題材に工夫した仕組みがあるからです。

　「題材編」には子どもたちが意欲を燃やすオリジナル題材を、「基礎基本編」には授業を行う際に教師が知っておきたい基本的な知識とその教え方を掲載しました。
　図画工作科の授業を楽しい授業にしたいと思う先生方のために書きました。読んですぐに実践できるよう、発問、指示、説明を教師の言葉で書きました。さらに、図や写真をたくさん掲載しました。

新法則化シリーズ図画美術担当　高橋正和

基礎基本編　目次

まえがき ———————————————————————————— 3

I　不安解消　最初の指導

正しく使い、きれいに後始末できるナイロン筆 ———————————— 8
絵の具の使い始めに指導必須　パレットの使い方 ———————————— 10
美しい彩色ができる水入れの使い方 ———————————————— 12
どの子もできる絵の具の準備の仕方 ———————————————— 14
手洗い場を汚さない後片付けの仕方 ———————————————— 16
意外と知らないのりの使い方 —————————————————— 18
けがをさせない正しいカッターナイフの使い方 ———————————— 20
安全にきれいに切るはさみの使い方 ———————————————— 22
4月、黄金の3日間の1時間目に何を教えるか ———————————— 24
主題が伝わる木版画　彫り方のコツ 10 —————————————— 26

II　知らなかった用具の工夫

子どもが使う絵の具の種類と使うコツ ——————————————— 36
少しの違いで絵が変わる　題材にあわせた紙の形の工夫 ———————— 38
クレヨンの上手な使い方 ———————————————————— 40
絵を引き立てるサインペン・カラーペン —————————————— 42
色が引き立ついろいろな用紙の上手な使い方 ———————————— 44
白色を生かす黄ボール紙の使い方 ————————————————— 46
誰でもできる紙版画の上手な印刷の仕方 —————————————— 48
すぐに使える図画工作・美術室経営の工夫 ————————————— 50
みんなの目を引きつける展示の工夫 ———————————————— 56

III　描き方の指導

鼻から教える人物の顔の塗り方 —————————————————— 60
さらりとした髪の毛の塗り方 —————————————————— 62

これを知っていれば世界が変わる⁉ 「にじみ技法」の教え方 ……… 64
効果的な色の変化　グラデーションの描き方 ……… 66
指一本でできるフィンガーペインティングの描き方 ……… 68
直写で変わる絵の苦手な子どもの絵 ……… 70
色を塗る指導　3つの上達ステップ ……… 72
○△□で描ける動物の描き方 ……… 74
自由自在な飛び方が表せる鳥の描き方 ……… 76
まるで生きているよう？　ぴちぴちはねる魚をこう描く！ ……… 78
真ん中から外へ描く建物（神社）の描き方 ……… 80

Ⅳ　「どうしたらいいですか？」対応の工夫

叱らないで巻き込む授業開始のいろいろな工夫 ……… 84
これで大丈夫！　忘れ物をした子へのフォロー ……… 86
「失敗しました」への対応　成功への導き方 ……… 88
「バック（背景）をどうすればいいですか？」はテーマを限定して解決！ ……… 90
ゆっくりとした動作の子はほめて育てよう ……… 92
困っていませんか？　速く描き終えてしまう子への対応 ……… 94
絵の嫌いな子を図工好きにさせるすてきな指導 ……… 96
子どもの良さを見つけてほめるほめ方20 ……… 98
子どもの絵をどう評価すればよいか ……… 100
文化部（クラブ）活動活性化のコツ ……… 102

I

不安解消　最初の指導

正しく使い、きれいに後始末できるナイロン筆

柔らかくコシもあるナイロン筆の使い方を、筆の握り方から手入れの仕方まで、基礎からしっかり教える。

通常の絵の具セットに入ってくるナイロン筆。使い方や手入れの仕方を知っていれば筆を傷めることなく長期間使うことができる。

1　使い始め

キャップは捨てる。

本来、毛先を保護するためについている。しかし、良く乾かす前に使うと、以下のように筆を傷める。

①雑菌が繁殖し、臭くさくなる。
②カビが生え、使えなくなる。
③根元が腐り、毛がどんどん抜ける。

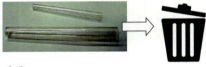

筆の使用後は、しっかり洗い、十分に乾燥させる。

2　筆の握り方

小中学生の基本は鉛筆を持つ握り方である。

筆の毛の近くを持ったり、遠くを持ったりして、描きやすいところを握る。

①細かいところを描く　　②広いところを描く　　③特別な持ち方

特別な持ち方は、イーゼル（画板などを立てかけて描きやすくする台や三脚）で画材が立っている時に使うことがある。広い面を描くときに適した描き方である。油彩のように粘る絵の具を使うときに使う握り方である。

3 使い方

ナイロン筆は一般的に保水力が弱いため、しっかりと水を含ませる。

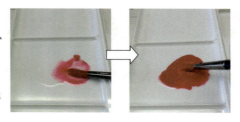

水と絵の具を10回以上混ぜてなじませる。

描くときには、柔らかくコシもあるので、弾力を使って描くようにさせたい。ただし、使っていると毛先が曲がることがある。筆の手入れが必要だ。

4 手入れの仕方

 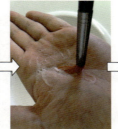  

水洗い
底にこすりつけずジャブジャブと。

石けん洗い
泡を立てて、掌で優しく。

水切り
ふきんで毛の流れに沿って丁寧に。

乾燥
毛先をそろえて、風通しの良い所で。

5 してはいけないこと

授業中の筆は、ふきんの上に寝かせる。

ナイロン筆は毛先がすぐに開いてしまうので、癖をつけないようにさせたい。

（角銅 隆）

絵の具の使い始めに指導必須 パレットの使い方

小学生にパレットを使わせる際、パレットの中で絵の具を混ぜるときの指導と後片付けの指導が大切だ。パレットの正しい使い方を教えることは、絵画指導の基礎基本である。

パレットは白いほどよい。白いほど、絵の具の色の混ぜ具合がわかるからだ。

しかし、様々な理由でパレットを洗わせない先生もいるという。そのパレットは絵の具が固まってしまい、次回使う際には汚れて色がにじみ、思ったように使えない。

パレットの使い方は絵画指導の基礎基本である。正しいパレットの使い方を教えよう。

1 絵の具を出す場所

小さく区切ったところを「小さいお部屋」、広いところを「大きいお部屋」と名前を付ける。例えば赤と青と黄の3色を使う場合、子どもたちには

> **指示** 小さいお部屋に赤・青・黄の絵の具を出します。
> 赤を出したら2つ空けて次の色を出します。

という指示を出す。

2つ空けるのはくっつけて出した場合、隣と混ざってしまうのを避けるためである。

2 絵の具の混ぜ方

> **指示** 500円玉ぐらいの大きさで混ぜます。
> パレットにたくさん500円玉が出来るほどいろいろな色が出来た証拠だよ。

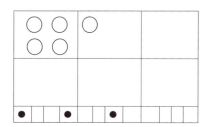

3　ドロドロ池に注意

　絵の具の指導中、気づいたらやんちゃ坊主がパレットの中を、絵の具でドロドロにして遊んでいる……そんな経験はないだろうか。

　絵の具をぐちゃぐちゃにかき混ぜることを、私は「ドロドロ池」と命名し、子どもたちにそうならないように指導している。

> **説明**　絵の具を混ぜて混ぜてドロドロドロ……こういうのをドロドロ池といいます。
> 色もたくさん混ざってすごく汚いよね。
> ドロドロ池は絶対に作りません。

ドロドロ池　×

　筆をパレットに押しつけてグリグリと回して遊ぶ子もいる。筆が傷む。これも「筆グリグリ」と命名してグリグリしないように指導している。

> **説明**　筆をこうやってギュッと押しつけてグリグリ回す子もいます。筆がかわいそうだね。
> パレットも痛そうです。これを「筆グリグリ」と言います。パレットで筆グリグリは絶対にしません。

筆グリグリ　×

4　パレットの片付け

　パレットに残った絵の具はティッシュペーパーで簡単に拭き取ってから洗う。洗う時間が短縮される。

　教室の前・後ろ・両横にティッシュペーパーの箱を数箱用意しておくと忘れた子がウロウロ探さなくてよい。

　また、手洗い場でパレットを洗うとき、筆で洗わせてはいけない。ゴシゴシ押しつけるために筆が傷んでしまうからだ。歯ブラシやスポンジたわしがおすすめである。勤務校では手洗い場に使い古しの歯ブラシをたくさん用意してある。

　洗い終わったパレットはカビが生えないようきちんと拭いてしまう。

（寺田真紀子）

美しい彩色ができる
水入れの使い方

水入れには重要な役目が２つある。その役目を果たすことは、絵の具の彩色を成功させることにつながっていく。

1　水入れの役目

　水入れの役目は次の２点である。その役目を果たすために、水入れの使い方を指導する。

（１）絵の具を溶くための水を入れておく。
（２）筆を洗う。

　水入れは絵の具セットに入っている長方形型を使うことが多い。図工室には六角形型または円形型のものが置かれていることもある。形は違うが、両方とも水を入れる場所が数カ所に区切られている。役目を果たすための使い方は同じである。

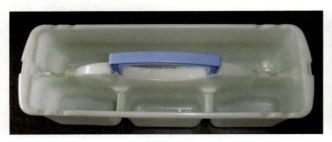

2　入れる水の量

　子どもたちに「水入れに水を入れて来なさい」とだけ指示すると、次のような困った状況が生まれる。
　①水を少ししか入れていないために、筆を洗うことができない。
　②水をたくさん入れすぎたために、あふれた水が仕切りを越える。
　これらの状況は、子どもたちに入れる水の量を具体的に教えなかったために起こる。

「水入れの半分まで水を入れます」と具体的に指示する。

「半分」が分かりにくい子がいる。その子たちには、水入れの内側に油性マジックで「ここが半分だよ」という印をつけてあげればよい。

半分だと低学年でもこぼさずに運ぶことができた。高学年はもう少し多くても大丈夫だろう。

油性マジックで印をつけた水入れ

3 水の役割

水入れは3～4カ所に区切られている。それぞれの場所の水の役割を教える。下は私が考えた各場所の役割である。

＜　水入れの各場所の役割　＞

A　筆を最初に洗うところ……筆についた絵の具を洗い落とすために水の汚れがひどいので、水入れの1番広いところを使う。
B　もう一度洗うところ……残っている絵の具を洗い落とす。
C　仕上げに洗うところ……念のために仕上げに洗う。
　　3カ所に分かれている水入れではこの役割を省く。
D　絵の具を溶くための水……絵の具を溶くときは、筆にこの場所の水を含ませて溶く。「とても大切な水なので絶対に汚さない」と繰り返し説明する。この水が汚れていると、溶いた絵の具まで濁った色になってしまう。「ABCの筆を洗う水がひどく汚れてしまった場合」や「Dの絵の具を溶くための水が汚れてしまった場合」はきれいな水に入れ替えるようにする。

（井上和子）

どの子もできる絵の具の準備の仕方

ポイントは誰でも一目でわかる準備の図を黒板に書くこと。どのように準備するのかをしっかり指導しよう。

　新しいクラスになり、初めて絵の具を使用する時間には必ず「絵の具の準備の仕方」から指導する。「絵の具の準備をしなさい」とだけ言うのではなく、「どのように準備するのか」を具体的に指導する。

1　一目でわかる図を書く

　前の授業が終わって休み時間になったら次の図を板書して言う。

指示　黒板と同じように用意しましょう。

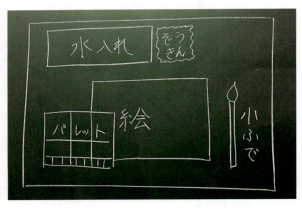

この時間に使用する筆を示す。細かいところだが使う筆の情報が、あるのとないのではずいぶん違ってくる。

準備のさせ方のコツ

　準備をしようとしても机の上が乱雑なまま……という子どもはどのクラスにもいるだろう。
　これはいくら叱っても改善しない。
　机の上はこのようにする、という見本を「図で」示し視覚的にわかりやすくするのが最良だ。そして、一緒に準備する。
　「このように準備するんだよ」と「教えて」「ほめる」のである。

1 不安解消 最初の指導

2 使用する色を黒板に書く

> 板書例　緑・黄・青・白たっぷりをパレットに出す

　低学年の子にとって「色をパレットに出す」行為はとても時間がかかる。そのため「この時間に使用する色」を板書しておくと準備しやすい。
　また、たくさん使う場合や少しでいい色などは「白たっぷり」・「赤少しだけ」などと板書するとさらにわかりやすい。

3 絵の具の水加減も書く

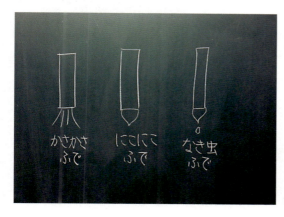

「かさかさふで」水が足りない。「にこにこふで」ちょうど良い。「なき虫ふで」水がたっぷり。イメージしやすい名前をつけて説明するとよい。

　広い空の部分を塗るのか、細かいところを塗るのか、塗る場所によって「絵の具の水加減」はちがってくる。空のような広いところを塗る場合は水をたっぷり使う。逆にほとんど水を使わずにドロドロ気味で星や雪を塗るときもある。
　絵の具の水加減についても板書しておくとイメージしやすい。

> 筆の水加減　指導のコツ
> 　絵の具の水加減は言葉で言っても伝わりにくい。支援が必要な子にとってはなおさらである。
> 　水加減を「かさかさふで」、「にこにこふで」、「なき虫ふで」と名前を付けておくことで子どもたちはイメージしやすくなる。「今日はにこにこふでで塗ります」「今日は空なのでなき虫ふでで塗ります」と言えばわかりやすい。

（寺田真紀子）

手洗い場を汚さない
後片付けの仕方

絵の具の後片付けの仕方をきちんと指導すれば3つ良いことがある。第一に用具の保存状態が良くなる。第二に手洗い場の汚れもなくなる。第三に時間短縮にもなる。

1　後片付けの順番

用具の保存状態を良くし、時間短縮ができる後片付けの順番を考えた。

①筆
②パレット
③水入れ

この順番で説明する。

2　筆の洗い方

筆は教室で、水入れの中で洗う。

筆先が水入れの底に触れないように、前後に動かす。筆先から絵の具がにじみ出ないくらいにきれいになったら、水入れから出し、雑巾で優しく拭いておく。

3　パレットの洗い方

広い場所の絵の具は、教室でティッシュペーパーなどで拭き取る。

水で溶いた絵の具は、ティッシュペーパーなどで簡単に拭き取れる。拭き取りにくいときはティッシュペーパーに少し水を含ませるとよい。手洗い場で洗う前に拭き取っておくと、水と時間の短縮になる。

> 狭い場所の絵の具は、手洗い場で歯ブラシを使って洗う。

　指導せずに自由に洗わせると、子どもたちは筆でパレットをゴシゴシとこすりながら洗う。筆で洗うと、筆先が一気に傷んでしまい、使い物にならなくなってしまう。筆で洗うことは絶対してはいけないことだと教える。
　筆を水入れの中で洗い、手洗い場に持って行かせないのは、筆でパレットを洗わせない予防にもなっている。
　歯ブラシは子どもたちに1本ずつ持たせてもよいし、教師が準備してもよい。私は蛇口の数だけ歯ブラシを準備し、子どもたちがパレットを洗いに行く前に蛇口ごとに1本ずつ歯ブラシを並べて置く。

4　水入れの洗い方

　水入れの汚れた水を手洗い場で流すときは、できれば排水溝の上で低い位置から流すようにしたい。高い位置から水を流すと、汚れた水が周りに飛び散る。子どもたちには低い位置から流すことを教える。流した後の水入れの底に絵の具の汚れがまだ残っているときは、少し水を入れて揺らすと取れる。

5　仕上げ

　洗い終えたパレットと水入れをそのまま運ぶと、手洗い場から机までに水をポタポタと落としてしまう。
　そこでパレットと水入れを手洗い場で洗うときは、雑巾を必ず一緒に手洗い場へ持って行かせる。洗い終わったら雑巾で水を拭き取らせる。このようにすれば手洗い場のまわりの床も汚れない。

（井上和子）

意外と知らない のりの使い方

でんぷんのり・スティックのりは、用途に応じて、それぞれの良さを生かした使い方を低学年から指導しておきたい。

1　子どもが使う主な「のり」の種類と塗り方の基本

　でんぷんのりはでんぷんでできている。最近の物は保存料が入っているので口に入れてはいけない。つぼ型容器やチューブに入った物が長い間使われている。

　最近は、指を汚さずにのり付けができて、スポンジで量の調節が可能な「水のり」や粘着性が強い「スティックのり」を使うことが多い。

のり付けの時は下に新聞紙や余ったプリントなどを敷く。紙の外側に出るように、しっかりとのり付けをすると、貼り合わせた後ではがれることがない。これは、のり付けの基本である。

下の紙に少しのりが、はみ出すようにのばす。

でんぷんのり

2　でんぷんのり

　指で、のりをのばしていくので、むらなく塗ることができる。指導しないと、人差し指で容器から取って、そのまま塗ってしまう。

　低学年から次の3点を指導する。①人差し指は、のりを塗った紙を持ち上げる時に使う。②のり付けは「中指」を使う。③空気を抜くようにして貼る。

持ち上げる時、人差し指を使う。

貼る位置に紙を合わせる。

空気を抜くようにして貼る。

また、版画用の和紙を台紙に貼ったり、和紙を立体に貼ったりする時は、でんぷんのりに水を混ぜて薄め、刷毛や絵筆（平筆）で塗るときれいに貼ることができる。

刷毛を使う。

のりがたっぷりつけられる。

風船に貼った和紙

風船を外した形

3　水のり

　スポンジキャップ付きなので、指を汚さずなめらかに塗ることができ、本体を押すと量を調節できる利点がある。出し過ぎてもスポンジでのばすことができるので、低学年でも使用が簡単だ。乾きが速く、接着力もあり、紙、セロハンテープ、布の接着に使う。しかし、半紙や奉書紙など薄い用紙を台紙に貼ると、乾いた後も台紙の色が浮き出るため、薄手の用紙の貼り合わせには向かない。

スポンジキャップは紙と垂直にする。

紙とセロハンテープ

セロハンの上にセロハンテープ

4　スティックのり

　粘着力が強いので、厚めの紙の貼り合わせに向く。塗り残しが一目でわかる色つきのスティックのりや、付箋のようにはがせるスティックのり等、大きさもいろいろだ。指を汚さずのり付けができて、のり幅に合わせて大きさを選ぶことができる。

のりの面と紙は垂直にする。

　しかし、粘着力がある分、力の入れ具合が難しく、むらができやすい。低学年の子どもは、のりを出しすぎたり、うまく伸ばすことができなかったりする。

　のりの面を紙に直角に当てて塗るときれいに塗ることができる。また、直角に当てた状態で、クルクルと手を回しながら塗ると、むらが少ない。

　　　　　　　　　　　　　　　　　　　　　（田村ちず子）

＜例＞箱に筒を貼り輪投げ台を作る。

けがをさせない正しいカッターナイフの使い方

カッターナイフを使わない教室が増えている。けがをする子が多いからだという。教師が正しい指導をすればけがはなくなる。

1　オルファ型カッターナイフの仕組み

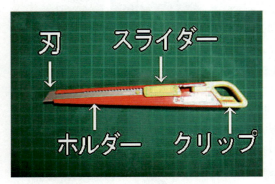

カッターナイフにはオルファ型という型があり、現在はそのほとんどがこの型を使っている。

「オルファ」という名前は「折る刃」からついたという。初めて生産されたのが1968年というから、47年の歴史がある。

まず各部分の名称を覚えておこう。

刃を動かすために指でさわる部分を「スライダー」。胴体の部分は「ホルダー」または「ボディ」。刃を折るためのお尻にある部分は「クリップ」。このように

> 部品の名前を知っていると指導しやすい。

　古くなった刃を折って取る時は、クリップを使う。上手に折らないと、パキッと折れた刃がどこかへ飛んで行ってしまうトラブルがおきる。こういう場合、ラジオペンチを使うときれいに刃を折ることができる。
　古いカッターナイフは、プラスチックが劣化していて、刃を折る際にクリップが割れることもあるために注意しよう。

2　カッターナイフの握り方

　握り方には「鉛筆型」「指差し型」「削り型」がある。
　刃先の角度は30度くらいが適当だ。あまり角度をつけすぎると操作しにくい。

鉛筆型

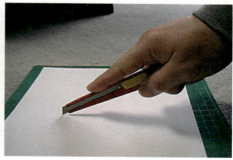

指差し型

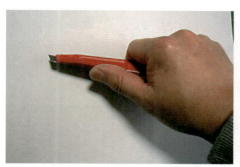

削り型

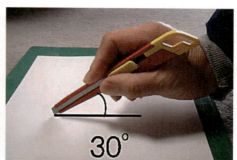

角度は約30°

3　けがをさせない指導

　カッターナイフでけがをする時には4つのケースがある。これらを注意すればけがを予防できる。
（ア）刃が錆びていて切れにくい場合
（イ）刃を出し過ぎている場合
（ウ）空いている手が、切る方向にある場合
（エ）丸く切り取る場合
　丸く切り取る場合に起きるけがは、体がねじれて姿勢が悪くなることが原因だ。
　カッターナイフではなく、紙の方をくるくると回して切らせるように指導することが大切である。

（高橋正和）

安全にきれいに切る はさみの使い方

紙や紐などを切るはさみは、低学年のうちから短時間に安全で美しく切ることができる使い方を指導したい。

1　手の成長に合ったはさみで持ち方を教える

　はさみは、利き手の指を二つの穴（グリップ）に入れて使う。入学時に購入した学童用のはさみを、高学年でも使い続けている子どもがいる。スムーズな指の動きのためには、指の大きさに見合ったものを持たせたい。

　はさみは、写真のように、①親指・人差し指・中指で持ったり、②親指、中指、薬指の３本（人差し指は穴の外で添える）で持ったりすることが多い。②の持ち方は、人差し指で外側からはさみを支えるので、より安定感がある。③布を切る裁ちばさみ（家庭科で使用）を持つ時も②の持ち方で持つと、安定して布を切りやすい。

①

②

③

2　はさみを大きく開き、切る物とはさみと垂直になるようにする

①机に座って、はさみを自分の正面に持ってくる。
②切る物を「はさみの刃」の近くに持ってくる。
③はさみを大きく開く。
④下の刃の上に垂直になるように置く。

3　切る物をはさみの奥まで入れ、刃の先まで一気に切らず、途中で止め、切る物を奥に押しやりながらゆっくりと切る

①刃の根本でゆっくり切ることを習慣づける。
②チョッキンと一気に切らない。
　チョッ、チョッ、チョッ、チョッと途中で止め、はさみを「止める・大きく開く」を繰り返す。
③開く時、切る物を奥に押しやる。

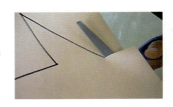

4　紙の持ち方・動かし方

①右利きの子ははさみの左側に切る物が来るように、紙を持つ。（左利きの子は反対）
②はさみのすぐそばに、紙を持つ左手（右手）の親指が来るようにする。
③切りやすいように紙を動かす。（はさみを外から中に向かって動かすと切りやすい）

5　大きく動きのあるものを切るとき

　切る物を大まかに切ってから（手に持つ紙が大きいと切りにくい）、細かい部分を切る。

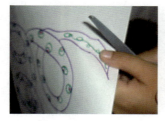 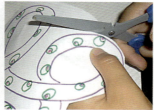 

6　カッターを使わずに中抜きをしたいとき

切り抜きたいところ。　　　折って中に切り込みを入れる。　　　開いて切る。

7　安全なはさみの扱い方

　幼児教育の場で、「はさみの刃」を渡す人に向けないことを教えている。しかし、一部の子どもは、人に刃を向けて渡している。
　「キャップ」の付け外し、使った後のしまい方も含めて「はさみの安全な扱い方」を小学校1年生から教えることが必要だ。「刃を閉じて、グリップを相手に向けて渡す」マナーを身に付け、安全にはさみを使いこなすように指導しよう。

（田村ちず子）

4月、黄金の3日間の 1時間目に何を教えるか

ほめながら、ひとつひとつ教えて確認し、ほめることで「これから1年間やっていけそうだ」という安心感と楽しさを味わわせる。

1　最初はほめて不安を減らす

　簡単な自己紹介をして、すぐに学習に入る。2分も3分もかかるような長い説明はしない。
「魔法使いの町」という題材の授業を例にする。
「魔法使いの町」の話をする。話は1分30秒くらいにして、子どもを引き込む。
　話の最後に教師が描いた絵を見せる。
「わあーっ。きれいだ」という声が上がる。すぐに紺色の色画用紙を分ける。
　最初は、油性黒マジックで描画する。
　家の戸だけを描かせる。
　小さい四角形である。誰でも描ける。
　描いたところで机間指導をして全員に「合格」と言う。
　その後、隣り、隣りへと四角形や三角形を描いて1軒の家を描く。
　5分間で魔法使いの家が1軒描ける。

「魔法使いの町」

| 最初に描いた家（部分）をほめる。 |

「すてきな家だね」「かっこいいね」「さすがだね」1軒の小さい家だが、できたことを大げさにほめよう。絵に対する不安を減らすのが目的だ。
　教師のほめ言葉で、今まで絵が苦手だと思っていた子も「今年はがんばろう」という意欲が出る。
　この意欲を1年間持続させることが教師の指導力なのである。（「魔法使いの町」は題材編P92参照）

2　授業のシステムを作る

　次に彩色の指導を行う。

彩色の指導をしながら次の２点を教える。

（ア）準備、後始末の指導
（イ）技能の指導

　最初の題材から１年間を見通した指導を行う。
（１）授業が始まるまでに用具を準備しておく
　用具の出し方は「Ⅰ　どの子もできる絵の具の準備の仕方」（P14）に詳しい。このような準備を「次の時間ではチャイムが鳴ったら自分で準備しましょう」と言う。次の時間、自分で準備し始めた子をほめる。
（２）水入れには水を３分の２入れておく
　水の量も決めておく。半分ではやや少ない。すぐ濁る。
（３）パレットは洗わない
　基本的に、一つの題材が終わるまではパレットを洗わせない。水彩絵の具は乾いたらまた溶かして使える。合理的計画的に使えるよう指導する。
（４）机の上をきれいにした人から休み時間にする
　授業の終わりに起立、礼は必要ない。早く、きれいに後片付けができた子から終わるようにしている。そのとき、「机の上をきれいにした人から終わりなさい」という指示を出す。

大事なことは何度でも教える

　システムが崩れないように何度でも教えていく必要がある。
　さらには、できた子をほめる指導が必要だ。
　行為をほめられることで、子どもは自主的に取り組むようになる。

（高橋正和）

主題が伝わる木版画
彫り方のコツ 10

木版画を指導するとき、「彫り方のコツ」を知っているか知らないでいるかで成功確率は段違い。知っているだけで子どもたちの作品がぐんと良くなる。

彫刻刀の柄の真ん中くらいを握る。反対の手の人指し指で、彫刻刀の刃を触らせるとけがをしない。

彫刻刀を握る反対の手を、刃から離して自由にしていると、指を切ることがある。

コツ1　彫刻刀を正しく握る

　道具を使わせる際の一番最初の指導は、正しいグリップの仕方を教えることである。彫刻刀の部品は、刃と柄に分かれる。

　子どもたちは、必ず刃に近い部分を握ろうとする。刃に近い部分を握ると、彫刻刀を動かしづらくなる。

　正しくは、刃の部分から離れた部分を握る。私は、柄の真ん中くらいを握るように教えている。こうすると、彫刻刀を動かしやすくなる。

　けがを防ぐためにも正しいグリップの仕方を教えなければならない。

　彫刻刀によるけがで多いのは、彫刻刀で握る手と反対側の手を切ることである。

　これを防ぐために、反対側の手の人指し指を、刃に必ずくっつけておくというルールを決める。この方法だと100％けがをしない。

コツ2　浅く彫る

放っておくと、子どもは深く彫ろうとする。最悪の場合、版木を貫通することがある。

彫りの深さは1～2ミリ程度で充分だ。

「面」を際だたせる表現にするためである。

切り絵を想像していただきたい。切り絵同様、版画は白と黒の「面」を生かす表現芸術である。

右は「菊の花に水をやるおじいさん」という作品である。深めに彫っているのは「菊の花」の部分だけだ。「菊の花」を目立たせるため、深く彫って白く浮き出させたのである。

「顔」「じょうろ」「背景」は浅く彫ってあるため、印刷するとうっすらとインクがついて「菊の花」を引き立てている。

左下は「じゃんけんぽん」という作品（教師の作品）。全体的に浅く彫り、顔や掌の皮膚の感じを表している。

右下の写真は、絵の顔の部分を拡大した。ほおの部分は、灰色の彫り残しがある。わざと彫り残して、ほおの雰囲気を表そうとした。

版木を深く彫って印刷すると、彫った部分が真っ白になる。

浅く彫ることで豊かな表現になるのである。

> **コツ3** 絵の部分によって彫刻刀を使い分ける

　小学校では、丸刀と三角刀をよく使わせる。子どもたちもまた、この二つをよく使いたがる。
　使う彫刻刀を自由にしない方が良い。
　そのため、子どもたちは三角刀で「まるで傷だらけになったようなほお」に彫ってしまう。
　知らないからである。知らないことを教えるのが教師の仕事だ。
　そこで、絵の部分によって使う彫刻刀を指定することがコツである。
　人物なら次のように彫ることができる。
- 腕の部分は、丸刀で立体的に表す。
- ほおの部分は、平刀（角丸平刀）で柔らかく表す。
- 髪の部分は、三角刀で鋭利に表す。
- 目の部分は、三角刀と印刀で繊細に表す。

　以上のように彫刻刀を使い分けると、表現が豊かになる。
　上手な指導者は、部分によって彫刻刀を使い分けるように指導しているはずである。事例として以下にどの部分をどの彫刻刀で彫るかを紹介する。

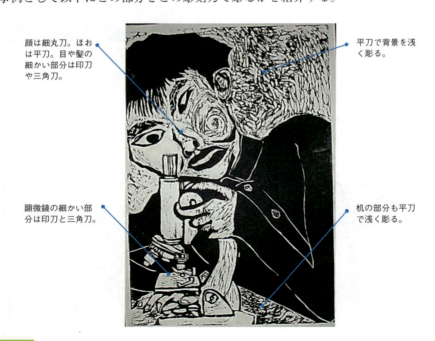

顔は細丸刀。ほおは平刀。目や髪の細かい部分は印刀や三角刀。

平刀で背景を浅く彫る。

顕微鏡の細かい部分は印刀と三角刀。

机の部分も平刀で浅く彫る。

I 不安解消 最初の指導

コツ4　彫らない部分をつくる

　矛盾するようだが、彫りを上手に見せるには彫らない部分を作ることが大切である。
　子どもたちに任せておいてはいけない。彫らない部分を彫らせることはできるが、彫ってしまうとどうにもならない。
　どこを彫って、どこを彫らないでおくかという指導を、教師の責任において指導すべきなのである。
　絵の背景も同じだ。背景は、彫らないで黒色のままにしておいた方がよい場合がある。

一見、たくさん彫ってあるように見えるが……。

白黒を反転すると、彫ってある部分が意外に少ない。

　上の作品は前のページで紹介した「菊の花に水をやるおじいさん」である。
　背景まで彫ってある作品だ。白色の部分が目立つため、一見するとたくさん彫ってあるように見える。
　これを右のように白黒を反転してみる。すると黒色の部分が意外に少ないことがわかるだろう。
　どこを彫るのかというより、どこを彫らないで残すかを考えることが版画指導のコツだ。彫らないで残すことで、主題が伝わりやすい作品になる。

コツ5　授業で彫る部分をそろえる

　好き勝手に「どこからでも彫ってよろしい」という指導をすると、教師は30名の子どもたちに30通りの個別指導をしなければならない。
　このような授業で、子どもに確実に教えることができるだろうか。また、30通りもの、それぞれちがったねらいの個別指導が、教師にできるものだろうか。

　　1時間目→手
　　2時間目→鼻、ほお、額
　　3時間目→目、髪
　　4時間目→服、その他

このように彫る部分を指定する。
　できれば1時間に1カ所ないしは2カ所を中心に彫る。部分、部分を描いていく酒井式と同じ指導である。

全員が、同じ部分を彫ることで確実な指導ができる。

「局面の限定」という。
　絞られた場面、つまり局面を限定することで確実な指導ができる。
　同じ内容で学習するから、子ども同士が情報交換もできる。

コツ6　線から内に向かって彫る

　顔の輪郭線から中心に向かって彫っていくと立体的で質感のある表現ができる。
　逆に、目や口などくっきり表したいところは、描画の線をそのまま残すつもりで線にそって彫る。
　以上の2つを、絵の部分によって使い分ける。
　どの部分をどう彫るかという判断力は、たくさんの作品を見ることで教師の目を鍛えよう。

コツ7　線はできるだけ彫らない

　次は、線で表したい部分をどう彫るかである。
　たとえば服のしわや髪の毛の彫り方である。
　線はできるだけ彫らない方がよい。
　絵に当てはめて考えてみよう。
　たとえば、青い空の中に電線を黒く描いたらどうだろう。電線が太ければもちろんだが、細い電線でも黒い線はすごく目立つだろう。
　これと同じである。
　黒い面の中での真っ白い線は、それがどんな線でも目立ってしまうのである。

顔の線の両側を彫ってしまう。子どもがよくやりがちな彫り方である。線の外側にある彫り（矢印）は必要ない。ここはそのまま髪の毛か背景にすれば良い。

服の線を太く彫ってしまうと、顔や顕微鏡の邪魔になるために細く彫った。

　どうしても線を彫らねばならないときは、

短い線を継ぎ足していくつもりで彫る。

　こうすると、線が線として目立たない。太く長く、うどんのように彫らない。だが、線がたくさんあると絵がわかりづらくなるので、どうしても必要な部分のみにした方がよいと思う。

コツ8　彫った後の木くずをちぎらない

　彫刻刀で彫ると、写真のように木くずが出る。

　この木くずを手でむしると、彫らずに残しておきたい部分まで板がむけてしまうことがある。

　むしらないで、彫刻刀で慎重に切るには、彫ってきた方向と反対側からもう一度彫れば良い。

　また、ちぎった木くずは、印刷の前に必ず取り去ろう。そのままにしておくと、印刷したとき、星のように白い点になる。

　次のような指示が効果的だ。

指示　右から彫り進んだら、最後は左から彫って切り取りなさい。
　　　どんな小さな木くずも彫刻刀で切り取りなさい。

コツ9　細部は印刀（切り出し刀）を使う

　子どもたちは、どこでも三角刀を使いたがる。

　だが、

目や口の中の歯などの細かい部分は、印刀（切り出し刀）で線の外側を切っておいて、その後で三角刀や平刀で削るときれいに表すことができる。

　印刀を使うときには、握り方に注意してほしい。

　子どもたちは、カッターナイフと刃の形が同じに見えるため、間違った方向に切ってしまう。

I　不安解消　最初の指導

> コツ10　方向を変えて彫るときは、彫刻刀を回すのではなく、版木を回しながら彫る

　身体を左右に回して彫ると、姿勢が悪くなる。彫刻刀はいつもほぼ正面を向いて彫っているのが良い姿勢である。

　動かしたり回したりするのは、身体ではなく版木の方なのである。

　実際にやってみるとよくわかる。

　はさみで紙を切るときも、はさみを左右に動かすのではなく、紙の方を回したり動かしたりする。これと同様である。

　蛇足だが、下の写真は下に新聞紙を敷いているが、これは木くずを捨てるときの便宜のためで、必ずしも新聞紙を敷く必要はない。

彫る方向を変えるときは……。

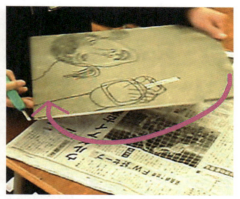
彫刻刀の方向を変えるのではなく、板を回す。

　以上が、版画で彫りを教えるときのコツ10である。

　一度にすべてを教えても、子どもは理解できない。

　彫りにかける時間は、八つ切り画用紙の大きさなら、どんなに早くても3、4時間はかかると思う。1時間に2つ程度のコツを教えていただきたい。

　以前、私が知っている小学生の中に、版画の彫りが「冬休みの宿題になった」と言ってきた子がいた。この子の版木を見ると、ごくわずかしか彫っていない。かわいそうだった。

　版画はていねいに教えれば、絵と違い、工程がいろいろあって子どもたちが熱中する授業になる。

（高橋正和）

〈生徒の作品〉

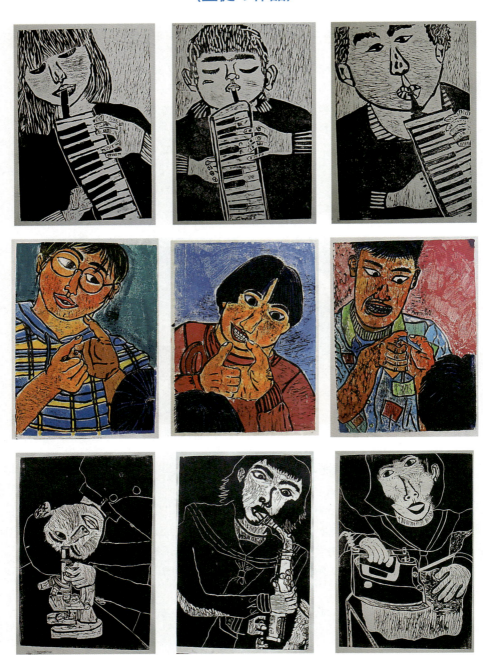

上「ピアニカ」小学4年生　中「指相撲」(裏から絵の具で着色)中学1年生　下「動きのある人物」中学1年生
(高橋 正和)

II

知らなかった用具の工夫

子どもが使う
絵の具の種類と使うコツ

絵の具は顔料からできている。水彩、ポスターカラー、アクリル絵の具の特徴と使い方のコツを知った上で、使い分けてみよう。

1　水彩絵の具のコツ

【長所】
　顔料をアラビア・ゴム溶液で練り上げたもの。扱いが簡単で、薄める水の量を増やせば透明な色になるし、少なければ不透明な色になる。

【欠点】
　水に溶けやすいので、一度塗った上から再度絵の具を塗ると、下の色が溶けて色が濁る。

【使い方】
（ア）たらし込み技法
　水や水で薄めた絵の具を塗り、それらが乾かないうちに、別の色の絵の具をたらして自然ににじませる技法。雲や木などを描くと雰囲気が出る。
（イ）ぼかし・にじみ技法
　（ア）と似ているが、絵筆を意図的に動かしてにじませる技法。空、海、湖、光などが表現できる。

たらし込み技法。絵の具をたらして自然ににじませる。

ぼかし・にじみ技法。絵筆を意図的に動かしてにじませる。

2　ポスターカラーのコツ

【長所】
　水彩絵の具の顔料をさらに細かい粒子にしたのがポスターカラーである。粒子が細かい分、不透明性が増して、鮮やかな色で表しやすい。

【欠点】
　水の量を増やして透明な色にしても、明度が落ちて濁った感じになりやすい。

【使い方】
（ア）べた塗り

画面を均一に塗る技法。描く形の周囲を細筆で枠を塗り、次にその中を筆（できれば平筆）で塗ると、形からはみ出さず、均一な塗り方ができる。その名の通りポスターを描くのに向いている。

（イ）サインペンとの併用

濃く鮮やかな色で塗ることができるので、サインペンを併用しても調和する。ロゴやレタリングに向いている。

形からはみ出さずに均一に塗る。

3 アクリル絵の具のコツ

【長所】

顔料をアクリル系の樹脂で接着させている。アクリル系なので水に溶けるが、乾くと固まってしまうため、絵の具が溶けたりひび割れたりしない。油絵のように絵の具の盛り上がった表現もできる。筆はナイロン筆が適している。

【欠点】

いったん出した絵の具は、水分が蒸発すると固まってしまうため、必ずパレットを洗う必要がある。使い捨てのペーパーパレットを用いると洗う手間を省ける。

アクリル絵の具は、粘土の上からでも塗ることができる。

【使い方】

（ア）紙以外の物にも描くことができる

木材、プラスチック、布に、クレヨン・クレパスの上から色を塗ることができる。ジェルメディウムを下地に塗った上からアクリル絵の具を塗ると発色が良くなる。

（イ）凸凹を作る

いろいろなメディウムを混ぜて塗ると、油絵の具のように光沢を出したり、凸凹を作ることができる。

（ウ）水彩絵の具の効果

水で薄めて塗れば、水彩絵の具とほぼ同じような技法ができる。

（高橋正和）

少しの違いで絵が変わる
題材にあわせた紙の形の工夫

画用紙のサイズや大きさは題材によって自由に変える。サイズを変えるだけで、表現の仕方も変わる。

1　題材によって紙の方向を自由に変える

　画用紙の形は絶対的なものではない。紙を使う側が形に左右される必要はない。

　まず、子どもたちは画用紙をもらうと、紙の方向を横にして使おうとする。おそらく、机の形が横になっているからか、横向きが安定するからなのか、そのどちらかである。大した理由はない。

　紙を縦向きに使ってみるだけで、絵の描き方がずいぶん変わる。

紙を縦にして描くと、前後の関係が出せる。

　上の作品は「魔法使いの町」という私のオリジナル題材である。紺色の色画用紙を使う。紙を横向きにして描くと、家を配置するとき前後に配置しにくかった。紙を縦向きにするだけで、家を前後に描きやすくなった。

2　縦長に切った画用紙を使ってみよう

　これを利用したのが、「雪渡り」という宮沢賢治の童話を題材にした作品（右ページ上）である。この題材では、画用紙をわざと細長く切り取り、それを縦向きにして使った。

　効果があった。

第一に、木を長く大きく描くことができた。2本の木と枝を描くだけで、森の雰囲気を表すことができた。

第二に、登場人物であるきつねや子どもを描くスペースを十分にとることができた。

逆に横長にすることで別な効果が出せるかもしれない。

3 やや正方形に近い形に切ってみよう

55対45くらいの正方形に近い形を使うと、縦横を気にしない配置の工夫が可能である。

たとえば「おしゃれな花」（下右）は、中央に描いた花の周囲に、葉や茎をいろいろ工夫しながら配置できる。

また酒井式「百羽のつる」（下左）も、普通の画用紙の形では表すことができないつるの配置ができる。

題材を教材研究する際に、題材を生かすために紙の形を工夫することも必要である。

45cm × 75cm の細長い画用紙

正方形に近い画用紙

完全に正方形の画用紙

（高橋正和）

クレヨンの上手な使い方

クレヨンをただ塗るだけではもったいない。綿棒を使えば、なめらかにしたりぼかしたりできる。酒井式描画指導法主宰の酒井臣吾先生の考案である。

1　クレヨンの問題点

　２つの理由でクレヨンは絵の具のように繊細に塗ることができない。
　第一に画用紙が見えないように表面をきれいに塗りつぶそうとすると、かなりの筆圧が必要である。
　第二に握る手に力を加えると、今度はクレヨンが折れてしまったり、力あまって紙からはみ出てしまったりする。
　その上、色を重ねようとしても、色と色がきれいに混じらない。

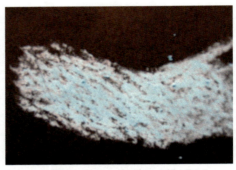

クレヨンを画用紙に塗ると、ざらざらして汚く見える。

　このように、繊細な表現が難しいのがクレヨンだと思っていた。
　酒井式描画指導法主宰の酒井臣吾先生は綿棒を用いてこれらの欠点を克服した。

2　綿棒の効果

　クレヨンで色を塗った所を綿棒でこする。効果が２つある。

塗った色がなめらかになる。

　それだけではない。

混色やぼかしもできる。

　たとえば、赤色と黄色の境目を綿棒で軽くこすると、２つの色の境目をきれいにぼかすことができるのだ。
　綿棒にもいろいろある。
　細かいところは「ベビー用綿棒」を使う。これは細くて、おまけにアニメやマンガ

のキャラクターがプリントされているものもあるため、子どもたちにはとても評判が良い。面積の広いところには、大人用の普通の綿棒を使う。

　使い方は、次のように指示する。

> **指示**　赤ちゃんのほおをなでるように優しくこすりなさい

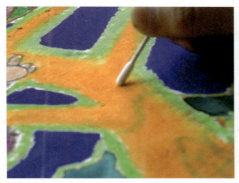

顔料がきれいに広がって表面がなめらかになる。　　細かい部分で綿棒を使うときれいに塗れて効果的だ。

優しくこすることで、顔料がきれいに広がって表面がなめらかになったり、ぼかしたりするできる。

3　口に入れても大丈夫なクレヨン

　強く押しつけるようにこすると、クレヨンの顔料がはがれるだけで、きれいに広がらない。

　幼児からクレヨンは使えるが、心配なのは幼児は何でも口に入れることだ。そこで、幼児が口に入れても安全なクレヨンが販売されている。

　原料に石油のパラフィンを使わず、ミツバチの巣からとれるミツロウを中心に作ってあるクレヨンだ。これならば何でも口に入れる2、3歳児の頃からクレヨンを持たせることができるだろう。

（高橋正和）

絵を引き立てる サインペン・カラーペン

サインペンやカラーサインペンを使えば、筆圧の弱い子どもも力を入れなくてもはっきり描くことができる。描き直しができる鉛筆と違って一回きりなので線描に集中する。また、細かい描写、彩色も可能となる。

1 描く構えを持たせることができる

鉛筆を使って描くと、すぐに消して描き変えようとするため、画用紙が鉛筆の線だらけになってしまう子がいる。

サインペンやカラーペンで描くと、描いた後で消すことができない。だから、1回きりの線で描く構えをもたせ、丁寧に集中して描かせる指導ができる。

サインペンは右や下の写真のような線描だけの作品にも適している。

2 筆圧が調整しやすい

サインペンやカラーペンは、強い力を加えなくても適度な力で描くことができる。筆圧の弱い低学年の児童の描画指導に便利だ。慣れると力の入れ具合を容易に調節できる。

1本で細字・極細両用のペンもあり、用途に合わせて使い分けることができる。筆風のサインペンは、筆先が柔らかいので強弱をつけた表現をすることができる。

サインペン・カラーペンで描いた絵

II　知らなかった用具の工夫

3　クレヨンと合わせて使うと色が際立つ

　カラーペンとクレヨンを使い分けて彩色すると色が混じらないので、美しく仕上げることができる。クレヨンだけで描くと、色が混じってしまい、美しい仕上がりにならない。

花びらの輪郭をカラーペンで、花芯・花びらをクレヨンで描くと色が混じらず鮮やかになる。

ほとんどクレヨンで描いたひまわり。クレヨン同士の色が混じって濁った感じになる。

花びらの黄色と輪郭線の緑色が混じり、黄緑色の花びらになったり、オレンジ色に緑色が混じり、花びらの元が茶色くなってしまう。

4　質感・量感が表しやすい

　①は、カラーペンの色を変えて描いた木だ。大小の葉を描き入れ、幹はクレヨンで彩色した。

　②は葉の大きさを変え、カラーペンで描き、幹はクレヨンで彩色した。（ともに小2作品）

　どちらも、葉の大きさや向きを変えることで木の量感や質感をうまく表している。

　カラーペンは、ペン先が細いので、大きさを変えたり、たくさん

①

②

詰めて描いたり、自由に向きを変えて動きを出したりしやすい。

　カラーペン＋クレヨン、カラーペン＋水彩絵の具の併用で、いっそう質感や量感を表現できる。

　中高学年でも、部分的にカラーペンを使うと画面に変化が出る。

（田村ちず子）

色が引き立つ
いろいろな用紙の上手な使い方

題材にあった紙を選ぶだけで、作品がうんと見栄えするようになる。紙を上手に生かすことで絵や構図が変わる。

1　題材の色をいかす色画用紙

　普通は白色の画用紙を使って絵を描く。色画用紙を使うことはほとんどない。

　絵の具の色を一番引き立たせるのは、やはり白色の紙だからである。絵の具箱に入っている色は、白い紙の上に塗ることで輝きが出る。

　だが、色画用紙も使い方によっては、優れた効果を生むことがある。

　たとえば白い色のシューズを描かせたい時は、どんな紙を使えばいいのだろうか。

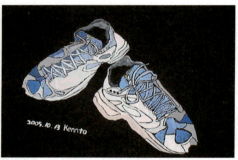

「シューズ」を指導するとき、私は白色の画用紙ではなく黒い色画用紙を使わせる。

| 黒画用紙はシューズの白色を美しく見せる |

　白色をたっぷり混ぜて、白色の美しさを引き立たせる。

　上の作品を見てほしい。どのシューズも白色が美しく表現されている。

　白色に混ぜる水の分量を変え、濃くしたり薄くしたりしてシューズの生地の質感を表現できる。

黒色画用紙を使うアイディアは版画から思いついた。

2　白色を生かす黄ボール紙

右の作品は酒井式「百羽のつる」である。黄ボール紙だからこそ白色のツルを表現できたといってよい。

> 黄ボール紙は寒色、特に白色を美しく見せる

絵の具を洗い落とすことができるくらい丈夫で水に強い。反面、水をたくさん吸い込むという特性がある。黄ボール紙は全紙の大きさで販売している。サイズを指定して注文しよう。（詳細は次頁で）

3　パステル色の色画用紙

右は「お祭りポスター」である。白色の画用紙に獅子を2匹描いて、それを切り取り、うす茶色の色画用紙にのりで貼った。獅子のまわりに文字を書き入れて仕上げた。

白色の画用紙だと、バックを塗りつぶすという作業が必要だ。ところがバックが広いと、均一に塗ることが難しい。ムラになったり粗雑になったりする。

> 最初から色画用紙を選べば、バックを塗る必要がない

この題材の場合はバックにパステル色の色画用紙を使った。パステル色は落ち着いた色彩なので、その上に重ねる色との相性も良い。いろいろな組み合わせができる。色画用紙の中でもパステル色の色画用紙は用途が多い。

（高橋正和）

白色を生かす
黄ボール紙の使い方

いつも画用紙ばかりでなく、黄ボール紙という紙も使ってみよう。色や丈夫さに他の紙にはない特長がある。

黄ボール紙の特長は3つある。

1　寒色を引き立たせる。
2　温かい地の色として使える。
3　丈夫である。

1　寒色を引き立たせる

写生画をしても風に飛ばない。寒色、特に白色が引き立つ。福井県写生画コンクール知事賞の作品。

月のグラデーションを寒色の絵の具をたっぷり使って表す。山脈、大森林の部分は逆に暖色を薄く塗った。

　写生会で黄ボール紙を使ったときに気づいたことがある。それは、黄ボール紙を使うと明るく、メリハリのある色彩の絵が出来上がることである。
　この効果のおかげで、コンクールに入賞する生徒が続出した。コンクールでは何十枚もの絵をざっと並べて審査をする。そのとき、黄ボール紙の絵は色のメリハリが出ていて目立つのである。

寒色、特に白色を美しく見せる。

　夏の太陽光線の強いギラギラとした風景の絵になる。寒色は薄く塗ると効果が出な

い。濃い絵の具で塗っていくと効果が出る。
　前頁右は酒井式「百羽のつる」の作品だ。
　つるは白色だから目立つのはもちろんだが、寒色で表す夜空の色に黄ボール紙は最適だ。寒色の絵の具をたっぷり出して太筆で塗っていく。「百羽のつる」では夜空に月の光をグラデーションで表した。

2　温かさを出す地の色として使える

　色を薄く塗るとまったくだめかというと、そうではない。前ページ「百羽のつる」の下の方に広がる山脈や大森林の部分は、中間色を薄くして描いている。
　黄ボール紙は水をよく吸い込むため、絵の具がにじむことがない。しかも、

> 紙の色が暖色なので絵に温かさを出すのに適している。

　右は「鏡の中の自画像」という作品である。顔の肌を彩色する際に、薄く塗っていった。そのため、絵の具のすき間から黄ボール紙の色が見えて、絵に温かい雰囲気を出している。

3　丈夫である

　外へ絵を描きに行く。風が強い。画用紙が飛んでいく子どもが続出した。飛んでいかない方法はないか、と探し出したのがこの黄ボール紙である。紙が分厚いので少しの風では飛んでいかない。しかも、

> 水に濡れても紙が歪まない。

　間違って塗ってしまったところを、堅い毛の筆に水をつけてゴシゴシとこすって絵の具を落とすことだって可能だ。紙の丈夫さも取り柄だ。

（高橋正和）

誰でもできる紙版画の上手な印刷の仕方

紙版画の印刷で難しいのは3つ。「インクの付け方」「インクを付けた絵の扱い」「印刷のさせ方」である。これらの3つを解決する印刷の技術がある。

1　インクのつけ方

新聞紙の上に、作品になる部品（紙を切った物）を用意する。
それらにローラーで中性インクをつける。
コツは次の2点である。

> （ア）1回目のインクは薄くつける。
> （イ）2、3回のせる。

縦、横2、3回転がす。2回ともインクをつけてから回すこと。

インク皿の中にインクをやや少なめに出し、ローラーにつける。ローラーでインクをならすと、インクの表面が細かくさざ波が立っているように見える。波が粗い場合はインクがたくさん出すぎている証拠だ。

インクをつけたローラーを、部品の上で縦に1回転がす。次にまたインクをつけて横に回す。2、3回回すことで、部品の上にのりで貼り重ねた部品も含め、まんべんなくインクがつく。これは木版画の場合も同じ。覚えると木版画にも応用できる。

2　印刷前の準備

（1）絵の置き方を工夫させる

紙版画の特長は、作った部品（例えば人間ならば顔、手）の配置を、印刷前に試すことができる点である。

左の写真は、「ジャグリング」という題材だが、「顔」「手」「ボール」の

II 知らなかった用具の工夫

位置を変えるだけで、いろいろな動きの作品が仕上がる。

いろいろ試してみて、決定したら印刷に入る。

(2) 部品の移動にフライ返し

部品にインクをつけた後、台紙の上に移動させねばならない。だが、インクがついた部品の紙をそのままさわると手がインクで汚れる。

汚れないようにするために料理用の「フライ返し」を使う。

> フライ返しを両手に持って、左右からすくい上げて台紙の上に移動させる。

この方法だとまったく手が汚れない。

フライ返しについたインクは、後でティッシュペーパーで拭けばきれいになる。

3　印刷のさせ方

印刷させる時、一番気になるのはばれんに加える圧力である。

小学生（特に低中学年）は、力も体重も少ないため圧力が弱い。圧力が弱いと印刷が薄くなる。せっかくきれいにインクをつけても、きれいに印刷できない。

この問題を解決するためには次のようなコツが必要である。

> 低い場所で印刷すること。

子どもの腰よりも高い机で印刷させようとすると、ばれんに体重が乗らず、印刷が薄くなる。

そこで　①腰よりも低い机で印刷する。

②床の上で印刷する。どちらかの方法をとる。こうすると、ばれんに体重が乗るようになり、充分な濃さで印刷できるようになる。

（高橋正和）

すぐに使える
図画工作・美術室経営の工夫

図画工作・美術室で教師も子どもも必要な物がすぐ取り出せるようにしたい。そのために必要な備品や消耗品を 10 個紹介する。また、どのようにすれば必要な物を揃えていけるかを紹介した。

図画工作・美術室（特別教室）は次のようでありたい。

授業で必要な物がすぐ取り出せる。

1　10秒以内に物が取り出せる環境であること

　図画工作・美術室は、飾りや子どもの絵の掲示も大事だが、授業に必要な物がすぐに取り出せる環境であることが大切だ。適度に物が揃えてあって、整理整頓されていることが大事なのである。

（1）はさみ、カッターの文房具
「はさみ」「鏡」「磁石」「カッター」などいろいろな物を買い込んだ。「手鏡」も1クラスの生徒分購入した。
　美術の授業に必要な文房具はたいてい揃っている。しかも何種類も揃っている。
　同時に、色鉛筆やはさみやカッター、クリップなどの小物を入れるために引き出しのいっぱいあるロッカーを購入した。小物を入れ、ラベルに名前を書いて貼る。何がどこにあるか一目瞭然である。

はさみ、カッターナイフなども1クラス分揃える。

　このようにして、授業中なら10秒以内に物が取り出せるような教室にしている。10秒間というのは、教師が離れても子どもが騒ぎ出さないぎりぎりの時間である。

（2）スチール棚

前からあったスチール製の棚を2つ、教室の壁側に置いて、制作中の立体作品を置くことにした。

すぐに物が取り出せるという以外にも、制作中の物が保管できるような環境でなければならない。制作中の立体作品を教室に持って行くと破損してしまうこともあるので、重宝している。

立体作品が全クラス分保管できる。

（3）乾燥棚

授業中に描いた絵を乾燥させるための棚である。これは2つあると便利だ。1つだけだと、授業が終わる度に、棚から絵を取り出さねばならなくなる。棚が2つあると、いちいち取り出さなくてよい。毎日授業を行っている場合、絵を取り出すために費す時間はばかにならないものだ。

乾燥棚は2つあると便利。

（4）作品保管棚

作品（絵）の保管場所が必要である。全生徒の卒業するまでの平面作品を収納してある。幅、奥行きがある棚がよい。四つ切り画用紙を保管できる大きさである。

平面作品が全クラス分保管できる棚。全生徒の3年間分の作品が保管されている。

（5）紙入れ棚

　こちらは紙類を入れる木製棚である。

　引き出しはない。全部で30クラス分の四つ切り画用紙の作品を収納することができる。

紙専用の棚。必要な時に必要な紙類をすぐ出せる。

（6）清掃用具

「ミニほうき」「雑巾」「ミニバケツ」をたっぷり揃えてある。「ミニほうき」は木くずが出る木版画や木彫などに使う。100円ショップで購入できる。

（7）彫刻刀や絵筆

　彫刻刀やペンや絵筆のような個人で使う用具は、最低1クラスの人数分用意してある。個人で持ってこさせると、忘れ物はもちろん、刃の切れなくなった物を持ってくることもあるからである。種類は、丸刀、三角刀、印刀（切り出し刀）を用意してある。

　絵筆は、中筆、太筆など約50本用意してある。

Ⅱ　知らなかった用具の工夫

（8）ドライヤー

　1個しか置いてないが、安いドライヤーを用意してある。授業中、絵の具を早く乾かしたいとき、これが役に立つ。

　入学してきた1年生に、ドライヤーを持ち出して乾かしてやると驚いた顔をする。

（9）消音のためのテニスボール

　絵を描いているとき、机や椅子のガタガタという音が大変気になる。静寂の中で、集中して学習させたいのに……と思う。

　オートテニスのお店に依頼して使い古しのテニスボールを分けてもらった。3日間ほどかかって、テニスボールを十文字に切り、机と椅子の脚に取り付けた。これで机、椅子の騒音が消えた。清掃の時も机、椅子の移動に便利だ。

（10）プロジェクターとスクリーン

　プロジェクター、巻き取り式スクリーン、電子黒板が準備室に用意してあり、いつでも設置できる。鑑賞の授業をする際には必需品で、これらを使用する際はパソコンに接続する。短い時間でスタンバイできる。こうした視聴覚機器は、これからますます図画工作・美術科の授業で扱いたいものだ。

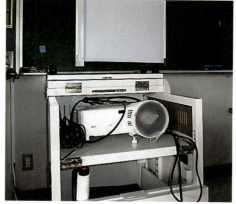

プロジェクターとスクリーン。すぐ使える。

(11) その他
①美術関係の本

　図鑑、画集、資料集などがすぐに見られるように教室内に置いてある。作品を完成させた生徒に読ませている。これら美術関係の本は、図書室に置いておくより、図画工作・美術室に置いておく方が役に立つ。

②パレット
　教師用のパレットは4つ用意してある。
　同時進行で、いろいろな学年のいろいろな題材に対応できる。子どもがパレットを忘れた際にもこれらを貸し出すことができる。余談だが、パレットは底の深い物がよい。

③スポンジたわし

　手洗い場にスポンジたわしをたくさん用意してある。パレットを洗ったり、絵の具で汚れた机を拭く際に使う。100円ショップで購入した。年に3回ほど取り替える。

II　知らなかった用具の工夫

展示会場となった文化祭のときの美術室。パネルを運び込んで絵を展示した。

2　意図的計画的に教室を経営する

　学校の図画工作・美術室を見れば、その学校の図画工作・美術の授業の内容やレベルが伝わってくる。

　いろいろな作品や飾り付けもあるに越したことはないが、何よりも小ぎれいでなければ、勉強をする子どもがかわいそうだ。

　教室の掃除はもちろんだが、傷の付いた机やささくれだった椅子があるのなら、それらをすべて取り替える。その上で備品や消耗品を揃える。

　予算が限られているので、机や椅子は一度には取り替えることができない。何年かにわたって揃えていく。備品も同様である。

　そのためには、意図的計画的に取り組む必要がある。3～4年がかりになるだろう。掲載した備品も3年がかりで揃えていった。

　すぐに揃えることができる物もある。たとえば消音用のテニスボールだ。これまでに3校の美術室にボールを取り付けた。取り寄せることは簡単だ。取り付けはボールをカッターナイフで十文字に切る必要があるのでやや時間がかかる。春休み中、約3日間かかって作業した。その後ずっと使えることを考えると、無駄にならない作業だ。

　消耗品は、100円ショップや中古品売り場で安く手に入る。画用紙などの紙類や絵筆は、年度初めに学校の消耗費を使って多めに購入しておく。消耗費については事務職員に相談してみよう。

（高橋正和）

みんなの目を引きつける展示の工夫

クラス全員の作品を展示する。子どもたちだけでなく、保護者も自分の子どもの作品を楽しみにしている。展示の仕方を少し工夫するだけで見栄えがする。

1　学級全員の作品を展示する

「魔法使いの町」の教室掲示の様子。

　学級全員の絵を展示するには2つの配慮が必要である。
　第一に、どの子も自分の絵の良さをわかっていることだ。
　描いた絵に失望しているような子の絵を展示するのは、その子の自尊心を傷つける行為だ。成功率10割を目指す指導が必要である。「自由に描きなさい」では成功率2割にもならない。宿題に出した絵も同様だ。力量のある教師の確かな指導が必要である。
　第二に、全員の作品を展示するといっそう効果が出る題材がある。
　次のような題材である。
　上左側の写真は「魔法使いの町」という題材の絵だ。私のオリジナル題材である。単独で見てもすてきな絵だが、全生徒の作品を並べて展示するといっそうインパクトが出る。全員の作品を展示するとまるで「魔法使いの町」が壁面に広がっているように見える。右側の写真は教室における作品展示の様子である。

II　知らなかった用具の工夫

卒業生全員の生徒作品が展示される。

　上は卒業制作展の写真である。中学３年生の卒業式前に酒井式「鏡の中の自画像」を生徒用玄関廊下に展示する。卒業生全員の顔が並ぶ様子は圧巻だ。
　自画像なので顔は自分自身を描いているが、髪の色や鏡の飾りは個性的な色やデザインで描かれているため、写真とは違ったインパクトが出る。

2　台紙を効果的に使う

　台紙は作品の良さを引き出す役割をする。
　木版画（右）の場合は、ねずみ色の台紙が効果的だ。ねずみ色は白黒両方の部分を引き立てる。
　色彩の鮮やかな作品（左）には黒色の台紙が効果的である。台紙の黒色が絵の色合いをくっきりと引き出す。

3　同じ色調の絵を並べない

　絵を展示するとき、同系統の色調の絵を隣同士に並べると絵の良さが相殺される。反対に、たとえば緑色系の絵の隣には赤色系の絵を展示すると、双方の特長が生きてくる。このような知識は子どもたちにも教えておく。

（高橋正和）

〈生徒の作品〉

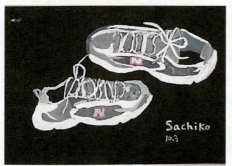 

上「百羽のつる」（黄ボール紙使用）中学2年生　中「シューズ」（黒画用紙使用）中学3年生　下「夕焼け空」（細長い画用紙を使用）中学1年生

（高橋　正和）

描き方の指導

鼻から教える
人物の顔の塗り方

授業で人物を描かせる機会は多いが、子どもたちは人物の色を塗るのが苦手に思っている。小学校時代に人物の描き方を一度はしっかり教えておきたい。

顔を水彩絵の具で彩色するとき、教える内容は次の3点である。

1　彩色する順序
2　色づくりの方法
3　筆を動かす方法

1　彩色する順序

①鼻　②唇　③あご　④ほお　⑤額　⑥目　⑦まゆ　⑧髪　⑨耳という順序で彩色する。

最初に鼻から彩色するのは、彩色する面積が狭いためである。

狭いと目標がはっきりして取り組みやすい。

また、狭い面積だと短時間で終了する。

2　色づくりの方法

絵の具の肌色は使わない。「今日はオリジナルの肌色をつくろう」と言って肌色をつくらせる勉強にする。肌色は、黄土色に白色、赤色、茶色、青色などの色を混ぜて作る。

鼻は、高くてぴかぴかっと光っているので「黄土色＋白色」。

唇は、「黄土色＋赤色」。上唇と下唇で、赤色の量を変えて違いを表す。

ほおは、「黄土色＋赤色＋白色」で、ほおの柔らかさを表す。

額は、「黄土色＋茶色＋白色」で、額の固さを表す。

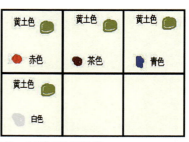

パレットの絵の具の出し方

III 描き方の指導

3 筆を動かす方法

　第一に、部分によって筆の太さを変えることがコツだ。

　第二に、色は「塗る」というよりも「色を置く」感じである。

　第三に、鼻やほおのように、丸いところは彩色する際に絵の具を丸く置いていく。

（1）鼻の着色

　まず鼻から塗る。

T（教師）　鼻は丸いですか、平らですか？
T　鼻を触ってみなさい。
S（生徒）　丸いです。
T（黒板に演示しながら）丸いところは筆で丸く動かしながら描きます。

色を塗るのではなく、色を置く感じ。

　鼻は狭いので4号の筆を使う。水の量は、絵の具を置いたとき、画用紙が透き通って見えるくらいの量が適している。いろいろ試していただきたい。

（2）ほおの着色

　鼻の次はほおを塗る。塗るというよりは絵の具を置いていく感じだ。こすると色が濁るためだ。

　ここからは10号以上の筆を使う。

　私は、ほおも丸いということをわからせるためにほおをふくらませて見せる。

　子どもたちにもほおをふくらまさせる。
T　自分のほおをさわってみなさい。ぽちゃぽちゃっとして丸いね。筆を丸く丸く動かそう。

　ほおを丸く表すのが一番難しい。

　あご、額は写真下のように絵の具を置きながら、筆を動かしていく。

　柔らかいほおの感じを表すことができる。

丸く丸く筆を動かしていく。

（高橋正和）

さらりとした髪の毛の塗り方

絵の具の彩色で何も教えずに髪の毛を塗らせると、一色でベッタリと固まったような髪の毛に塗る子がいる。サラリとした流れるような髪の毛になるように指導する。

1 髪の毛の色

　何も教えずに「髪の毛を絵の具で塗りましょう」と指示をすると、ほとんどの子が真っ黒な色でベッタリと塗ってしまう。髪の毛が黒いヘルメットをかぶったような固まりになる。髪の毛の黒色ばかりが目立ち、印象も重くなりがちである。そこでさらりとした、流れるような、明るい印象になる髪の毛の塗り方を教える。

　髪の毛は茶色を主とした3種類の色をパレットで作り、それらの色で塗っていく。茶色系にすると表情が明るく元気な感じになる。

　3種類の色は茶色と黒色を混ぜて作る。

①茶色　　　②焦げ茶色　　　③濃い焦げ茶色

> 3種類の色
> ①茶色
> ②焦げ茶色
> 　（茶色とほんの少しの黒色を混ぜる）
> ③濃い焦げ茶色
> 　（茶色と少しの黒色を混ぜる）

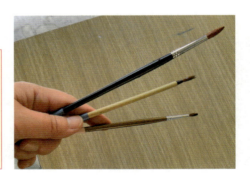

　2種類の色を混ぜるときは、パレットの上で筆を使って、水も一緒にしっかりと溶くことが大切である。

2 筆は三刀流

　色が作れたら、彩色用の筆を色の種類だけ用意する。今回の髪の毛は3種類の色で

彩色するので3本用意する。それぞれを「茶色」「焦げ茶色」「濃い焦げ茶色」専用の筆にする。1本の筆で彩色すると、色を変える度に筆を洗わなくてはならない。筆を洗っていると、その度に集中が途切れてしまう。専用の筆にすると筆を洗わなくてすむので集中して取り組むことができる。

　左手に3本の筆を持ち、その色専用の筆で塗る。色を変えるときは筆を替えるだけなので時間短縮にもなる。子どもたちにこの方法を「三刀流だよ」と教えると、喜んで3本の筆を持ち、色を変える度にサッと筆を替えるようになった。

3　3種類の色を順番に塗る

　3種類の色を作り、3本の筆が用意できたら色を塗っていく。

　塗る場所は、下絵で描いた髪の毛の線の間である。だから、髪の毛を何十本も描くと、塗るときとても細かい作業になり苦労する。

　子どもたちには、下絵を描くときに、髪の毛の間を塗るので、髪の毛を描きすぎないようにすることを教えておく必要がある。

　髪を塗るときのコツは次の2点だ。

①髪の毛の間を3種類の色で順番に塗っていく。
　（例）茶色→濃い焦げ茶色→焦げ茶色
②下絵の線を踏まない。
　（黒いマジックの線は塗らない）

　筆を頭のつむじから下へ流れるようにスーッ、スーッと動かしながら塗っていく。そうすることで、髪の毛にサラリとした動きと軽やかさが出てくる。

（井上和子）

これを知っていれば世界が変わる!?「にじみ技法」の教え方

酒井式「プール(海)で遊んだよ」「イルカショー」「水族館の絵」などに使える「にじみ技法」のコツはこれで大丈夫。

にじみ技法をしてある絵を見せると、「うわ〜きれい!」とどの子も感嘆の声をあげる。コツを押さえて、子どもたちに指導しよう!

| 指示 | パレットに黄・青・緑・チョッピリ赤を出します。 |

| 指示 | 太筆を水入れにチャポンとつけて、そのままパレットの上に持ってきて1滴水滴を落とします。ほら、1回、2回……5回やると水たまりが出来るね。水たまりを4つ作り、4色のダブダブジュースを作ります。 |

パレットに出した絵の具を全部使って4色のジュースを作る。
　ここからは教師の近くに子どもを呼んで実演する。近くでやってみせることが重要。
　教師は必ず前もって予備実験をしておこう。厚手の画用紙を使う。

| 説明 | プリンカップに半分ぐらい入れた水を一気に画用紙に流して、刷毛で広げて画用紙全体をぬらします。 |

思い切って一気に水をかけ刷毛でのばす。
刷毛は100円ショップで売っているので2、3人に1つ位購入しておくと今後ずっと使えて便利。

III 描き方の指導

ここはスピードが大切。すぐに乾いてしまうのでドバッと水を一気にかけて刷毛で画用紙全体をぬらす。乾かないうちに黄色からにじませる。

| 説明 | 太筆を黄色ジュースにつけて、紙に描くと……ほら、じわ〜っとにじむでしょう？
これが「にじみ技法」です。 |

太筆でさーっと黄色の線を引くようにすると、にじんだところが水の流れに見えてとても美しい。

| 指示 | 次に緑をにじませます。そのときなるべく黄色がかかっていないところへにじませましょう。 |

にじみ技法成功への最大の秘訣は「ゴシゴシこすらない」ことである。
緑の後に青をにじませる。その際も一度色を置いたところは決してこすらない。
最後に赤をチョッピリにじませる。赤を入れすぎると真っ赤になってしまうので注意。赤はスパイスの役割なので２、３カ所にほんの少しだけでよい。

一度色を置いたら決してゴシゴシこすらない。

赤はほんのチョッピリ。
２、３カ所に細筆でチョンと置くぐらいがちょうどよい。

乾くまでに時間がかかる。乾かないうちに動かしたりさわったりすると色が汚くなる。以下のような工夫が必要である。

①空き教室がある場合→空き教室でにじみ技法を行い、乾くまでそのまま置いておく。
②空き教室がない場合→時間割の最後の時間ににじみ技法の授業を行い、にじませた紙を机の上に置いたまま帰る。翌日には乾いている。

（寺田真紀子）

効果的な色の変化
グラデーションの描き方

美しさが際立つグラデーション。グラデーションというのは、だんだん色が変わるという意味である。

　グラデーションは、作品の中の一技法として取り入れると、大変効果的である。グラデーションを使った作品を紹介し、その描き方を解説する。

1　河川愛護ポスター

　この作品では、川の表現にグラデーションを使用している。
　川の流れをサインペンで下描きする。しま模様になった川の中央に青を塗り、だんだん白に変わるグラデーションを使っている。

（1）準備物
　筆（1本）・パレット・水入れ・絵の具（青色と白色）

（2）方法
　彩色の基本は、1色ずつ塗ることにある。グラデーションでもそれは変わらない。ただし、だんだん色を変えながら塗っていくので筆1本での作業となる。

III 描き方の指導

色づくりの準備は、下の3点である。

①青色の絵の具を、パレットの広い部屋に出す。
②白色の絵の具を、青色の隣の部屋に出す。
③筆に水をたっぷりと含ませて、青色の絵の具を混ぜる。しっかりと混ぜるようにする。

その後、色塗りと色づくりを交互に行う。

④しま模様の中心部に③で作った単色の青色を塗る。
⑤③の青色に白色の絵の具を少し混ぜる。しっかりと混ぜて濃い水色をつくる。
⑥⑤でできた水色を、④で塗った青色の隣に塗る。
⑦この後も、白色を少しずつ混ぜながらできた色を塗る。

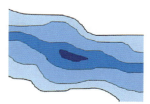

このように塗ることで、青色からだんだん白色に変わっていくグラデーションになる。この作品では川の流れがグラデーションで効果的に表現される。

2 お話の絵「てぶくろを買いに」

この作品では、月明かりの黄色が空の群青色に溶け込む様子をグラデーションで効果的に表現している。

（1）方法

この表現では、下描きをしない。筆の太さでグラデーションを表現するので、細、中、太の3本の筆を用意する。

①月はほとんど水を加えない原色の黄色で塗る。
②黄色に水と群青を混ぜ、細筆で月の周りに塗る。
③群青色を少しずつ加えながら、外側へ外側へ塗っていく。

最初は細筆、次に中筆、一番外側は太筆を使う。下描きがないためににじむことがあるが、空の表現としては効果的である。　　　　　　　　　　　　　　　（角銅　隆）

指一本でできる
フィンガーペインティングの描き方

指で描くフィンガーペインティング。筆で描くのとは違った面白さが出る。たとえばごはん粒をフィンガーペインティングで描くと、筆で描くよりごはんらしい表現になる。

1　ごはんを描く

　ごはんを描けば、いろいろな食べ物関係のポスターに使える。

　ごはんの描き方はフィンガーペインティングで描くと楽しく簡単にできる。ここではおにぎりを題材にする。おにぎりの形を鉛筆で色画用紙に薄く描く。おにぎりは主役なので大きく描く。

　ごはんをフィンガーペインティングで描くときのコツは3つある。

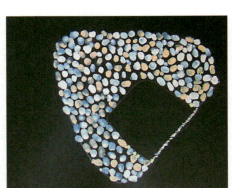

（1）ごはん粒を全部白色にしない。
（2）指先に絵の具をつけて描く。
（3）粒と粒の隙間は少し空ける。

（1）ごはん粒を全部白色にしない

　全部白色にしない。混色にして変化を出す。パレットの広い部屋で「白色＋○色」のバージョンを3つ以上つくる。

　色の濃さは、下の黒い色画用紙がやや透けて見える程度に水を混ぜる。

（2）絵の具を指につけて描く

　指はどの指を使ってもかまわない。指に絵の具をつけて、それを黒画用紙の上につけていく。粒の方向が全部同じにならないよう、変化をつけていくとおにぎりらしくなる。

（3）粒の隙間は少し空ける

　指につけた絵の具で、スタンプの要領で色をつけていく。粒と粒の間は少し空ける。

粒を重ねてしまうとフィンガーペインティングの特長がなくなる。おにぎりの海苔のように黒色にしたい部分は、色をつけずにそのまま空けておく。

2　顔と手を描く

　ふつうの八つ切り画用紙に自分の顔を描く。

　パステルやコンテの焦げ茶色を使って描くと柔らかい線になるが、それらがないときは油性黒マジックペンでもかまわない。

　顔は①鼻　②口　③あご　④ほお　⑤目　⑥まゆ　⑦髪の順番に描いていく。部分部分を描いていくため、子どもたちは集中しやすい。鏡を見る必要はない。自分の顔の部分を触りながら、自分の感じたように描いていく。

　肌色やレモン色の色画用紙を使うと、また違う効果が出る。

　手は①まんじゅうの形　②指の順に描く。

3　手と顔を彩色する

　ごはんの場合と似ていて、パレットの広い部屋で「黄土色＋○色」のバージョンを３つ以上つくる。今度は、水もたっぷり混ぜて　①鼻　②口　③あご　④ほお　⑤額　⑥目　⑦まゆ　⑧髪　⑨耳の順に着色していく。着色した後にこれらを切り取る。

4　描いた物を工夫して貼る

「おにぎり」「顔」「手」を並べ方を工夫して画用紙に貼る。

　最後に、文字を入れて完成だ。文字は既製のレタリングにこだわらず、いろいろな形にしてみる。

（高橋正和）

直写で変わる 絵の苦手な子どもの絵

算数でも図を描くのが苦手な子がいる。お手本を見ながら描いても、なかなか形を描くのが難しい。こういう子に直写をさせると絵を描く自信がつく。

1 直写の効果

直写には効果がある。

> 形をうまく描けなかった子が、形を描くことができるようになる。

形を描くのが苦手な子がいる。
真っ白い画用紙に物の形を描くのは難しい。このような子に対して直写させると次のような効果がある。

2 見ながら描くことができないNさんに効果があった

美術の授業できつねの絵を描いた時のことだ。
私がきつねの絵のお手本を黒板に描いて指導した。全員がきつねを描くことができた。にもかかわらず、Nさんは図①のようなきつねの絵を描いていた。
よく見ていただきたい。Nさんの描いたきつねは、足の端が胴体にちゃんとつながっていない。
（1）今度は板書ではなく、教師が実際に画用紙に描いたきつねの絵を、Nさんの紙の上に置き、模写させようとした。
（2）それでもNさんのきつねは手足が離れたままで変わらなかった。
そこで私は、自分が描いたきつねをNさんに直写させてみた。それが次頁の図②である。

 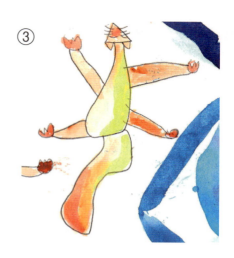

　Nさんの線は、所々でお手本の線から外れようとした。
　鉛筆の握り方に原因があった。紙に接している鉛筆の先が見えないような握り方をしていたのだ。
　直写には計２回取り組ませた。トレーシングペーパーとＢ６の鉛筆を使用し、再度、画用紙にきつねを描かせた。今度は、図③のように胴体に手足がしっかりとつながったきつねになった。

3　直写の効果

　直写をさせると絵が変わったのはなぜだろうか。

体験と記憶

　体験することによってエピソード記憶が強化されたからである。運動と同じだ。視覚から得た情報だけでは形の記憶が弱かったNさんだが、直写体験でより強く形を記憶することができたのである。
　さらに、次のようにさせるといっそう効果がある。

筆圧をかけてゆっくりとなぞらせる

　筆圧の強さは脳への刺激と関係がある。小学校だけでなく中学校でも効果がある。

（高橋正和）

色を塗る指導
3つの上達ステップ

絵筆で色を塗るのが苦手な子がいる。絵筆の使い方に問題がある。最初の目標は絵筆の筆先を描く場所に命中させることだ。

絵筆を使って絵の具を塗るには、次のようなステップを踏むと良い。

1　筆先を描く場所に命中させる

色を塗るのが苦手な子にはいろいろな原因がある。その一つが、絵筆をうまくコントロールできないことだ。できない理由はいろいろあるが、第一に絵筆の握り方が良くないからだ。

こういう子には、

真剣に描いている。筆先が描く場所に命中している。

> クレヨン、またはサインペンでしっかり描画させた部分に絵の具で塗る。

クレヨンの場合は色をはじくから比較的容易だが、サインペンの場合は次のような指示が効果的だ。

> 線にさわらないように色を塗る。

写真は、上記の指示で小学5年生が家の瓦一枚一枚を懸命に塗っている場面である。絵筆は見事に瓦の隅々に命中している。

2　一発彩色法で塗る

筆で何度もこするようにして色を塗る子がいる。その結果、色がにごり、周囲すべてが同じ色になってしまう。

> **指示**　隣り隣りへと、絵の具を置いていきなさい。

という指示を出すと、筆でこする子が減少する。

> 二度塗りさせない。

　酒井式描画指導法主宰の酒井臣吾先生は、これを「一発彩色法」と名付けている。

　中には、絵筆でちょんちょんと、点で塗っていく子がいる。これは機械的な塗り方になるので時間をかけて教えていく必要がある。

　私は「赤ちゃんのほおをなでるように塗りなさい」と言う。教卓の前へ集めて実際に演示したり、子どもの手を取って教えたりしながらできるようにさせている。

　右の作品は、K君が描いた「友だちの顔」。ほおの部分に注目。絵筆で色を置いた跡がはっきりとわかる。

顔、特にほおは、絵筆で隣り隣りへと絵の具を置いていった。

3　水の量を加減して質感を表す

　次のステップは、水の量を加減して質感を表す指導だ。

　右の写真はK君が描いた酒井式「電柱のある風景」である。電柱は中筆でやや濃いめに、空は太筆で水をたっぷり混ぜて薄めの絵の具を隣り隣りへと置いていく。

　難しいのは、太筆に水で溶かした絵の具をたっぷりつけて置いていくことだ。

（高橋正和）

空は太筆で水をたっぷり混ぜ、薄めに絵の具を置く。

○△□で描ける
動物の描き方

○△□で動物が描くことができる。ためしに牛のイラストを描かせる。描いたら、言葉を書き加えてみる。かわいい動物の絵はがきができる。

【準備物】
①墨汁（薄め）
②水彩絵の具セット
③はがき大の画用紙
④ベビー綿棒

　絵筆代わりにベビー綿棒を使う。はがき大の紙には普通の綿棒はやや太すぎる。線は、墨汁を薄めて使う。白い紙に線を引いたとき、ねずみ色になるくらいの薄さにする。

1　クイズ

　下の6枚の絵を画用紙に描いて見せながら「当ててみましょう」とクイズを出す。

(1)「これなあに？」　(2)「豚です。」　(3)「これなあに？」　(4)「狐です。」

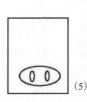 

(5)「これなあに？」　(6)「牛です。」

2　頭

T　牛の顔の形を四角形で描きます。
　　きれいな四角形にしないで、少し変形させる方が、牛らしくなります。
T　四角形をまっすぐに立てて描かないで、傾けて描きます。動きのある動物になります。

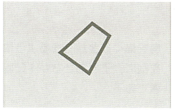
ななめに描きましょう。

T　カタツムリの速さでゆっくり描きましょう。
　　①鼻　②目　③耳　④つの　の順で描きます。
　　目やつのの形をいろいろ工夫してみましょう。

3　体

T　胴体を長方形で描きます。

耳やつのも描きましょう。

T　胴体を描いたら、蹄（ひづめ）を描きます。
　　胴体の近くに4つ描きましょう。
T　足をつなぎます。
　　まっすぐではなく、曲がった線で描きましょう。
T　しっぽの先を描きます。
　　胴体の近くに描きましょう。
　　足と同じようにつなぎます。

足を4つ描きましょう。

4　模様や文字を書く

T　顔や体に模様を描きましょう。
T　牛の模様を好きな色で塗りましょう。

完成したら、絵を乾燥させる。
　これだけでも完成なのだが、絵はがきにすると見て楽しい作品になる。方法は簡単だ。画面の空いているところに、絵筆やサインペンで、いろいろな色を使い、年賀状なら「明けましておめでとう」「謹賀新年」などの文字を書き入れると完成である。

しっぽの先を描きましょう。

完成！

（高橋正和）

自由自在な飛び方が表せる鳥の描き方

鳥を描くことができるようにするためにステップを踏んで教える。つるの描き方を例に、子どもたちが1時間で思いのままに鳥を描くことができるようになる指導である。

1羽目のつるは、部分をていねいに教える。準備物は「八つ切り大の紙」と「サインペン」。①教師が板書して教える　②次に子どもが描く、という方法で教える。

1　1羽目のつる

（1）頭。丸を描く。　　　　　　　（2）目や三角のくちばしを描く

（3）胴体。胴体は「つぶれたアンパン」　（4）頭と胴体をつなぐ。直線にしない。

1羽目は教師が部分部分を描き、それを子どもが写す。テンポよく進める。
2羽目は、部分を描く前に「次に何を描きましたか？」と質問して進める。
3、4羽目も2羽目同様。
5羽目は教師の指示はなく子どもだけで描く。5羽とも同じ画面に描く。

III 描き方の指導

（5）翼は最初「へ」の字を描く。

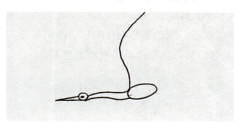

（6）羽の凸凹を描く。

（7）反対側にも翼を描く。
　　尾羽を描いて完成。

2　2羽目のつる

翼を振り上げたポーズ。翼を重ねて表現する。1羽目と同じ手順で教える。

3　3羽目のつる

翼を下げたポーズのつる。

4　4羽目のつる

翼の裏が見え、後ろをふり向くポーズのつる。

最後に5羽目を描かせる。5羽目は「まったく違うポーズのつるを自分だけの力で描きなさい」という指示で描かせる。

（高橋正和）

まるで生きているよう？
ぴちぴちはねる魚をこう描く！

子どもに魚を描かせると真横から描いた魚になる。魚の形も動きのない魚になる。「頭→尾びれ→つなげる」の順で描くと、動きのある魚を描くことができる。

線で8つに区切ったB4コピー用紙を配布する。

①	②	③	④
⑤	⑥	⑦	⑧

指示 魚の描き方を勉強します。①に自由に好きなように1匹のお魚を描いてごらん。

さっと描く。（ほとんどが右図のような左向きの動きのない魚となる）
「でも、これでは元気よく泳いでいないね。元気に泳がせます」

②にまず頭を描きなさい。　次に尾びれを描きます。尾びれは横ではなくて下に描きます。　つなげます。不安な人は指でなぞってからつなげてみましょう。　仕上げに背びれや胸びれを描きます。

「頭→尾びれ→つなげる」酒井式のつなぎ方で描く、たったこれだけで①と②では劇的に変化する。

子どもたちは「おおーすごい」「うまく描けた！」と大喜び。
次は③に、下向きの魚を描く。これも、「頭→尾びれ→つなげる→背びれや胸びれ」の順で描く。

Ⅲ　描き方の指導

でも、よく見るとこんな向きのお魚もいますね。（正面向きのフグの写真を見せる）

正面向きの魚を描いたことがある人？　難しそうだなと思う人？　大丈夫。描き方は同じです。

指示　頭→尾びれ→つなげるの順に描けばいいんだね。
　　　④に描きましょう。

　　頭　　　　　　　　尾びれ　　　　　　　つなげる

指示　同じやり方で頭を長丸や丸にしてみましょう。

描き方は同じ。変化のある繰り返しなので子どもたちはどんどんノッてくる。

⑤に描く。　　　　　　　　　　⑥に描く。

指示　さっきのフグにトゲトゲをつけてごらん。⑦に描きます。

「うわー。ハリセンボンだ！」と子どもたち。（ちなみに、基本形のフグにちょうちんをつけるとチョウチンアンコウになる）

指示　最後は「ジンベエザメ」です。大丈夫。描き方は同じです。
　　　頭→尾びれ→つなげるの順に描けばいいんだね。⑧に描きます。

①とその他を比べてごらん。
みんなすごく上手に描けるようになったね。もう魚を描くプロです。

うんとほめて終了する。

（寺田真紀子）

真ん中から外へ描く
建物（神社）の描き方

魅力的な建物でも、子どもはどこからどう描いていいのかわからない。
一点から描き始め、隣りへ隣りへと描きすすめる指導である。

1　一点から描く

　描き始めのポイントを決め、隣り隣りへと建物の部品（パーツ）を一つ一つ描いていく。
　左右がいびつになりますが、それが個性を引き立てます。
　私は八つ切り画用紙にコンテを使ったが、サインペンやクレヨンも可能である。

2　描画の手順

　建物の中で描き始めの一点を決める。神社の場合は屋根中央の鬼瓦にした。鬼瓦を描き、そこから隣りへ隣りへと神社の部分を描いていく。
　教師が実際に描いて見せながら指示を出していくと、子どももわかりやすい。

（1）鬼瓦（おにがわら）

T　鬼瓦を紙の中央に描きなさい。
T　人指し指の爪くらいの大きさで描きます。
T　鬼瓦を描いたら持ってきなさい。

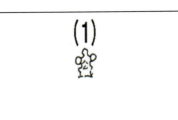

　最初描いたものをほめられると、子どもは安心して描き続けることができる。教師は全員の絵を見てほめよう。

（2）破風（はふ）

　鬼瓦から隣りへ隣りへと描き進める。

T　鬼瓦から隣りへ隣りへと1枚1枚描きなさい。

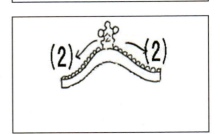

(3) 懸魚（げぎょ）

次に下へ下へと順に描いていく。

T　破風の中央に下がっている飾り板（懸魚）を描きなさい。

(4) 境内（けいだい）

横に広げて境内を描いていく。

T　境内の廊下を左か右に、隣りへ隣りへと描きなさい。

(5) 瓦

T　最後に瓦を鬼瓦の隣りから、隣りへ隣りへと瓦を1枚ずつ描きなさい。

3　彩色

建物は均一な色彩で変化がない。そのまま色を塗ると単一色になってしまう。そこで主調色を使って彩色した。

（1）オレンジ色が基調の神社→夕焼けの神社

　赤色＋オレンジ色＋黄色

（2）青色が基調の神社→朝焼けの神社

　青色＋緑色＋レモンイエロー色

（3）紫色が基調の神社→夕闇の神社

　紺色＋紫色＋赤色

3色で類似色のグループをいくつか示してやり、どの主調色の神社にしたいか、（1）～（3）のグループを選ばせて色を作らせるとよい。

(2)

(3)　　　（高橋正和）

〈生徒の作品〉

「自画像」中学3年生

（高橋 正和）

IV

「どうしたらいいですか？」対応の工夫

叱らないで巻き込む授業開始のいろいろな工夫

チャイムが鳴っても子どもが揃わない。怒鳴ってはいけない。怒鳴っても解決しない。クラスを授業に一気に巻きこむ技術がある。

1 授業の出だしを揃えない

遅れてくる子どもを待たない。後から来てもすぐできる簡単な活動をさせる。テンポよく指示を出す。

T　マジックを出しなさい。
T　（演示しながら）頭の上に２秒上げて見せなさい。

同じように次々と指示を出し、出した物を頭の上に上げさせる。

T　太筆を出しなさい。
T　画用紙の真ん中に線を描きなさい。

後から来た子が、先に取り組んでいる子をまねできるような活動をさせるのがコツだ。

2 子どもを教卓に集める

授業開始と同時に子どもを教卓のまわりに集め、教師が演示しながら説明する。

T　今日は顔の鼻を彫ります。
T　まわりから真ん中に向かってこんなふうに彫ります。
T　席に戻ったら準備をします。始め！と言うまで彫ってはいけません。わかった人は戻りなさい。
T　わからなかった人は、もう一度やって見せます。ここに残りなさい。

ここで遅れてきた子が揃う。

教卓のまわりに集める。１分程度

ただし、長々とやってはいけない。長くても１分間程度の演示だ。

１分以上長く演示すると子どもの集中力が切れる。

3　選択させる

　どれがよいかを選択させる。
　たとえば粘土の作品にアクリル絵の具を着色する場合、次のような開始の仕方をする。
T　今日は粘土に絵の具を塗ります。
T　4色あります。どの色を塗るか、手を挙げなさい。
T　赤色の人？　はい。6人。(数を板書する)
　(緑色、青色、紫色と続く)
T　決定です。人気のある色は競争率が高くなりますがいいですか？　2人だと2人でたっぷり塗ることができます。
　手を挙げなかった子がいる。遅れた子、もたもたしていて教師の言葉を聞いていなかった子である。
　以上の方法をもう一度くり返す。必ず数字が変わる。

選択させ、手を挙げさせる。念のために2度くり返す。

4　板書を写させる

　鳥の絵を描かせる場合、黒板にすぐに描き始める。

> 全員が揃うまで、ゆっくりと進める。

T　今日はつるの絵を描く練習をします。先生といっしょに描きましょう。
T　(黒板に貼った画用紙に描きながら) 画用紙の真ん中に、小指の爪くらいの○を描きなさい。

　このように描き始めると、私語をしている子、ぼーっとしている子は慌てて取り組み始める。

黒板に貼った画用紙に描き始める。画用紙が小さいときは直接板書する。

　教室に遅く入ってきた子も黒板に描いてある絵を見ながら描くことができる。
　「早くしなさい」という指示は無駄だ。
　ちゃんと準備している子のためにも、速やかに授業を開始しよう。

(高橋正和)

これで大丈夫！
忘れ物をした子へのフォロー

忘れ物をした子には忘れた物を貸し出す。貸し出し方にもコツがある。また、忘れないようにする指導も紹介する。

忘れ物の指導で悪い例がある。

忘れた子に対して怒る。時間をかけて注意をする。級友に貸さないように徹底する。他のクラスから貸してもらうように促す。家に取りに帰させる。授業を受けさせない。

読者や読者の同僚に、上記のような悪しき指導が1つでも残っていたら、即刻止めて欲しい。忘れ物が減らないばかりか、教育の機会均等にも反する行為である。

1　貸し出す

忘れ物指導の基本は貸し出しである。

一部の道具を忘れてくる子がいたとする。

S　すいません。先生、新聞紙を忘れてきました。
T　そうですか？　どうしましょうか？
S　新聞紙を貸してください。
T　わかりました。あそこから持って行きなさい。
S　ありがとうございます。

上記の指導は、授業開始前に行っておくべきである。授業時間に行う場合でも、時間確保の観点からできるだけ短時間で対応したい。

指導のコツは、貸し出しのシステムを子どもたちに教えておくことである。忘れ物をしたときの教師への報告方法や、貸し出す道具が教室のどこにあるかを、子ども

たちに周知しておきたい。特に、図工・美術は道具がなければ授業が受けられない場合があるので、用意しておきたい道具を下に記しておく。

〈教師が準備しておきたい物〉
新聞紙・ネームペン・色鉛筆・クレヨン・コンテ・筆・パレット・水入れ・絵の具
セロハンテープ・のり・のり台紙・はさみ・カッター・ホッチキス・教科書

Ⅳ 「どうしたらいいですか？」対応の工夫

2　道具袋を用意する

　使用頻度が比較的高い物については、道具袋に入れさせる。

　右は2年生の道具袋であるが、色鉛筆・クレヨン・折り紙・のり・はさみ・カッター・ホッチキス・セロハンテープが入っている。

　この子の場合、大きめの袋を使っていた。道具だけであれば、巾着袋で用が足りる。机の横につるしておいて、必要なときに使っていた。

3　全員の前でする指導

　時には全員の前で指導をする。
T　絵の具セットを忘れてきた人は立ちなさい。
T　○○さん、どうするのですか？
S　忘れてきてすいませんでした。先生の絵の具セットを貸してください。
T　わかりました。取りに来なさい。
S　ありがとうございました。

　このやりとりを、忘れた子の人数分繰り返す。基本的に忘れ物をしたときの教師への報告方法は前述と同様である。謝罪と対策とお礼がセットだ。次に約束をさせる。
T　○○さん。絵の具セットはいつ持ってきますか？
S　木曜日に持ってきます。
T　わかりました。木曜日には、必ず持ってきなさい。

　ここまでのやりとりを3人にしたとしても、2分もかからない。このように、忘れてきた子に対して淡々と対応する。教室全体の子どもたちには教師が忘れ物に対して厳しいという印象をつけることができる指導である。

4　家庭との連携

　図工に限ったことではないが、前の日に家庭に連絡を入れて保護者の協力を仰ぐのは効果的である。家庭からも感謝され、子どもも肩身の狭い思いをしなくて済む。

　特に低学年であれば学習準備のしつけが必要な時期であるので、積極的に家庭に連絡を入れてもいいと考える。

（角銅　隆）

「失敗しました」への対応
成功への導き方

画用紙の大きさに対して絵が小さくなることはよくある。鼻を小さく描いてしまった子には、それはそれで認めて、次に口を大きく描かせるように指導する。教師の適切な指示で子どもが失敗だと思っている絵を成功に導くことができる。

1　自画像〜「失敗しました」

1年生で人の顔を描かせた。ある子が言った。
S　先生、失敗しました。紙をもう1枚下さい。
T　どこも失敗じゃないよ。丁寧に描けていていいよ。
S　鼻が小さくなってしまいました。
T　小さくてかわいい鼻に描けたから成功だよ。

一生懸命に描いた鼻を教師が認めることで、子どもは次もがんばろうという気持ちを抱くことができる。

2　部分に集中させる

指示　鼻はかわいく描けたから、口は大きく描いてみよう。

この子だけに出した指示である。具体的に教えることで子どもの学習意欲を高めるのが教師の仕事だ。なぜ、このような指導が必要なのか。

○　子どもは、部分を捉えることはできる。
▲　子どもは、バランスをとることは苦手である。

絵の苦手な子は、全体のバランスをとりながら描くことが苦手である。だが、部分に集中して描くことはできる。部分に集中して描かせることで、子どもは自分の力を発揮できるようになる。

大切なのは、鼻が小さくて口が大きくなった絵を、教師が「バランスの崩れた絵」とみるのではなく「どの部分も一生懸命描いた絵」とみてほめることである。

顔の絵で「失敗しました」を生かすには、他にも様々なことが想定される。

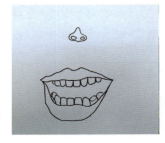

IV 「どうしたらいいですか？」対応の工夫

先生、失敗しました！
S　鼻が大きすぎました。

T　おちょぼ口にしてごらん。
　　バランスがとれたね。

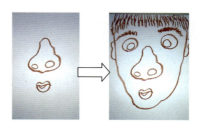

先生、失敗しました！
S　鼻と口が小さすぎました。

T　あごを下の方に描きなさい。
　　ほら上手にできた。

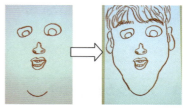

　今描いている部分が大きくなったら、次は小さく描けばいい。中心に寄ってしまったら、輪郭を広げて描けばいい。描いたものを認めて、失敗を生かすのである。

3　校舎の絵　失敗を生かす

　校舎の絵は、時計を起点に縦横へ伸ばしていくように描いていく。
　ある子に「失敗しました。下が空きすぎました」と言われた。全体を小さく描きすぎたために、画面が余ったのだ。
　しかし、その子は校舎を丁寧に描いていた。そこで、その子の言う失敗は気にしないように言い、逆に丁寧さを認めた。

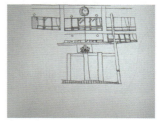
余った空間。
子どもは「失敗」と言う。

| 指示　下に、花をいっぱい描きなさい。 |

　何も描かなければ、約4分の1の空間が残る。
それを生かす。
　余った空間に、花を描かせる。もともと何もない部分なので、気兼ねなく描くことができる。画面構成の面からも、近景を配置することにより奥行きが出て、校舎がより引き立つ絵になる。

（角銅　隆）

「バック（背景）をどうすればいいですか？」はテーマを限定して解決！

バックの処理は、題材のテーマがその空間を必要としているかどうかで決めていく。空の色や空気の流れを表現していく。

バックを描くか描かないか。完成形のイメージを持って指導に入ることが大切だ。

> **コツ**　テーマに関係のあるときには描く。ないときには描かない。

1　バックが必要な絵

（1）

（2）

（3）

（1）風景の絵
　風景の絵は画用紙いっぱいに景色を切り取ることになるため、バックとなる空の表現も重要である。赤い空と青い電柱の対比が効果的である。

（2）生き物の絵
　生き物だけではなく、バックに空気の流れを表す青い線を描くことで、自然の中でのびのびと咲くひまわりの生命感がテーマとして成立している。

（3）物語の絵
　バックに描く風景も大事な要素だ。物語のどの場面を切り取るかで、バックに何を描くか変わる。「月夜に映える白い馬」と「白い花」が場面を表している。

Ⅳ 「どうしたらいいですか？」対応の工夫

2　バックがいらない絵

　主役となるものを画面に大きく描く。これだけで伝えたいことが伝わるならば、それ以外をバックに描く必要はない。

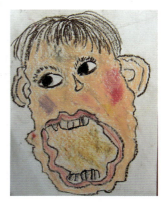

（1）顔の絵
「自画像」や「友だちの顔」の場合、子どもが顔を描くことができれば完成である。顔だけで表したい内容は十分に伝わる。バックはいらない。

（2）静物の絵
　静物を描いた絵は、対象物をよく観察して描くことがねらいだ。あえてバックを描く必要は無い。

（3）人物の絵
　右の作品は、「観察するぼくたち」という題名の作品だ。
　顕微鏡を覗いている自分と友だちがいればテーマは十分に伝えることができる。これら以外のものは必要ない。
　たとえば、理科室の棚などを描くと説明的になりすぎる。

（4）木版画
　木版画もバックの有無はテーマで決める。
　伝えたい物だけを画面に描ければよい。
　右の作品は「楽器を演奏する自分」というテーマの作品だ。
　楽器、手、顔があれば、最低限のテーマは表現できる。そのためバックは必要ない。陰刻の中に陽刻で彫った手と顔、鍵盤の白、ベルトが目立っている。

（角銅 隆）

ゆっくりとした動作の子は
ほめて育てよう

ゆっくりした子は授業に巻き込みながらほめていくことで、その子はもちろん、全員の学習態度をほめた方向に伸ばすことができる。

1　授業に巻き込む

なかなか描き始めようとしない子がいる。
ゆっくりしているのは性格なのか、それとも別の理由なのか。
こういう子を個別に指導するのは良くない。

集団を授業に巻き込むとうまくいく

2　指示をテンポ良く出してほめる

　A君というゆっくりとした動作の子がいた。たとえば、これから絵を描こうとする時に次のような「一時に一事」の指示を出す。
T　赤色の絵の具をパレットの大きい部屋に出しなさい。小指の爪くらいの大きさで出しなさい。
T　出したら出しましたと言いなさい。
S　出しました！
T　A君も速い。
T　次は黄色い絵の具をパレットのもうひとつの大きい部屋に出しなさい。
S　出しました‼
T　みんな作業が速い。
T　作業が速いクラスはすごい！
　子どもはほめられる方向に伸びる。
　集団を動かすことで、ゆっくりとした動作の子も自然に追いついてくる。

ゆっくりした動作の子がいたら、指示をテンポ良く出して、できたらほめる。

IV 「どうしたらいいですか？」対応の工夫

3　丁寧さをほめる

　描き方の遅い子は、逆に考えれば丁寧に取り組んでいるということである。

　ふだんはまったりしていて周囲からからかわれがちな子。こういう子が、どのクラスにも１人か２人はいるものだ。

　こういう子を発見し、図画工作・美術の授業でほめる機会をねらう。

　描画するとき、その子がゆっくり描いているのを見つけたら、描き終わったときを見はからって絵を取り上げ、子どもたち全員に見せながら「これは大変丁寧に描いています。素晴らしい！」と強くほめる。

　そして「丁寧に描くのは描画の基本です」と、これも全員に説明しておく。

　こうすることで、ゆっくりとした動作の子を通して描画の基本を教えることができる。

4　それでも描き方の遅い子には

　それでも描き方の遅い子には、二つの指導方法がある。

　第一に、教師が一緒に描く。

　子どもと同じ目の高さに体を低くし、「これはこうやって描くんだよ」と教える。教師は、図画の授業でも教えることを遠慮しなくてよい。スポーツでも習字でも、指導者は子どもの手を取って教えている。教え方の基本だ。

　第二に、題材の指導計画に１時間分のゆとりを入れておく。

　授業を欠席した子のためにも、この１時間は貴重である。

　早くできた子には「描いた絵の感想を書かせる」「絵のある本（中学校なら資料集）を読ませる」という学習をさせる。

　せっかく丁寧に最後まで描いているのに、時間までにできないからといって放課後に残したり宿題にしたりしてはいけない。

（高橋正和）

困っていませんか？
速く描き終えてしまう子への対応

> 描くという行為は思いを表現することだ。思いを表現するためには技能が必要である。技能を習得させるためにも、丁寧さを身につけさせたい。

1　速く描き終えてしまうタイプの子とは

二つのタイプがある。

第一のタイプは多動傾向の子だ。とにかくじっとしていない。指示を聞いたら、すぐに取りかかる。衝動的なのである。したがって、どちらかといえば粗雑な表現になりがちだ。

第二のタイプは要領の良い子だ。黄色なら黄色の部分だけを手際よくどんどん塗ってしまう。早く出来上がるが、感情が入りにくく、機械的な表現になりがちである。

2　最初から手立てを打つ

１年間の最初の授業から仕掛けよう。丁寧に描くとこんな効果があるということを子どもたちにもわかるように伝える。

T　図画工作の授業はゆっくり丁寧に描くと絵が上手になります。

T　今日は「魔法使いの町」を描きます。ゆっくり丁寧に描いたかどうか、先生には絵を見るだけですぐにわかります。なぜだと思う？

S　形が上手に描いてある。

T　なるほど。そういう子もいるかな。でも、違います。

S　わかりません。

T　紙の裏を見るのです。サインペンの跡が、紙の裏についていますね。これはゆっくり丁寧に描いた証拠なのです。

このように言うと、中学１年生でも「なるほど」という表情をする。中学生にも説得力のある趣旨説明だ。

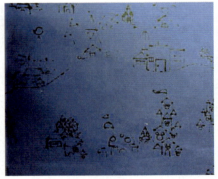

サインペンで描いた跡が、紙の裏についている。ゆっくり丁寧に描いた証拠だ。

3　色を塗る範囲を決める

速い子は彩色が苦手。適当に絵の具を塗っているわけではないのだが、形から絵の具がはみ出し、色が混ざり、最後にはどの色も同じになってくる。

そうならないようにするために、サインペンやクレパスでしっかり描画させ、線の内側を彩色させる。

彩色させる時には次の指示が効果がある。酒井式描画指導法の酒井先生から教わった指示だ。

> 指示　線に触らないように塗りなさい。

この指示でほぼ全員の子どもがゆっくり丁寧に彩色する。

4　ほめちぎる

ゆっくりと丁寧に描いた瞬間を見計らい、大げさにほめる。「すごいねえ。丁寧に塗ったねえ。すばらしい」

写真は酒井式「屋根の上の白い猫」の屋根瓦の部分を彩色する子である。

大変落ち着きのない子だった。だが、右の写真は集中して瓦1枚1枚を彩色している子の様子だ。この子は大変落ち着きのない子だった。

だが、丁寧に彩色した時、たくさんほめられたことで、彼の本領が俄然発揮されたのである。

集中して瓦1枚1枚を彩色している。下は、完成した作品

5　教師が演示する

どのくらいの速さがゆっくりと丁寧なのかがわからない子がいる。描画の仕方や彩色の仕方を教師が演示してやる。

目で見てわからせる方法が一番よく伝わる。見えやすいようにと思い、視聴覚機器を使って、教師の演示を見せたこともあったが、うまく伝わらなかった。

実際の演示の方が教師の息使いまで伝わるため、効果があるようだ。

（高橋正和）

絵の嫌いな子を
図工好きにさせるすてきな指導

絵を描くのを好きにさせるには、スモールステップでほめていき、全員に成功体験をさせることである。

　絵が嫌いな子を担任した。２年間の指導で「図工の時間が大好き！」と言うまでに変化した。次のような指導をとった。

1　イメージ崩し

　子どもが「失敗しました」と言うのは、逆に成功イメージを持っているからだ。
「画面に大きく描いて」「形のバランスがとれていて」「配色が美しい」絵が成功した絵。そうでない絵を描くと「失敗しました」と判断するのだ。

　上記の絵が嫌いな子は、卒業した保育園から「『好きな絵を描いてみましょう』と言われると手が止まってしまう子」だと聞いていた。

　絵をほめられたことがなかったり、「絵が下手」と言われていたりして、楽しくなかったのだろう。

　そう推測して、この子に酒井式描画指導法で描いた顔

こういう顔を「変な顔」だと思っている。

の絵を見せた。「変な顔」と言った。思った通りの反応だった。この子は、バランスのとれていない絵が下手な絵だと認識していた。

　このような子どもの価値観を変えるには、実際に描かせて指導することだ。

2　教えてほめる

スモールステップで、教えてほめる指導を行うこと。

　顔の指導で鼻を描く場面だけでも、次々と教えてほめていく。
T　鼻を触りなさい。素晴らしい！　早い！
T　画用紙の中心に指を置きなさい。真ん中に置いているね。賢い！
T　鼻を描きます。……良く描けました。全員合格！

IV 「どうしたらいいですか？」対応の工夫

　これらに個別指導が加わる。気になる子のところでは、他の子にも聞こえるように少しだけ声を張ってほめる。
　ほめると波及効果が生まれる。お互いの良いところを見つけてほめるようになる。通信等で紹介すると保護者もわが子をほめるようになる。子どもの脳に「絵を描くとほめられる」という心地良い経験が積み重なっていく。

3　題材の選択

　参観日に「ブレーメンの音楽隊」（写真上）を貼りだしていた。その絵の周りに何人も集まり談笑している。話しかけると、「誰が上手いか下手かがわからない。みんないいですね」とのことだった。
　絵が嫌いな子は、友だちの絵と比べられた経験を少なからず持っている。そこで、貼りだした時、個人差の少ない題材を選ぶことも大切である。
　「ブレーメンの音楽隊」は、「1匹が大きくなったら次は小さく」というように、描く過程で大きさに対応していく指導だ。このため、仕上がったとき、上手下手の個人差が少ない。

「大きく描いたら次は小さく」失敗を生かす。

　「銀河鉄道の夜」（右下）は、テーマの中心である汽車を貼り絵にすることで、全員が無難な画面構成ができる。
　他にも、集団画は、全体で一つの作品となるため、おすすめである。
　これらに共通することは、失敗をさせない題材であることだ。題材の選択はどの子も図工好きにするのに重要である。

4　適応鑑賞

　子どもたちの作品ができたら、友だちの作品の良いところを見つけさせる鑑賞指導がよい。どの作品にもほめ

汽車を貼ることで全員が画面構成ができる。

言葉のシャワーが浴びせられることで、どの子の作品もかけがえのない1枚だということが子どもたちに浸透する。
　絵を描くのが嫌いな子は自分の作品に自信がない。そういう子にとって、友だちからのほめ言葉は自分の作品を好きになる評価である。

（角銅　隆）

子どもの良さを見つけてほめる
ほめ方 20

子どもをほめるには、子どもの良さを見つけるための視点が必要だ。絵が上手い下手という視点だけではなく、いろいろな視点から学習している子どもを見てみよう。

ほめ方にもいろいろある。子どもによってほめる内容は変わってくる。望ましい学習をイメージしながら、その子に合ったほめ方ができるようになれば、素晴らしい教師となるだろう。

1　行為をほめよう

なかなか学習に取り組もうとしない子は、学習とは関係なくてもささいな行為をほめるようにする。
（1）準備をほめる。
　→「先生が言わないのに、絵の具を机の上に出してあるね」
（2）用具をほめる。
　→「筆に絵の具がついていない。きれいにしてるね」
（3）持ち方をほめる。
　→「筆の持ち方が上手だね」
（4）画用紙に書いた氏名をほめる。
　→「忘れないで書いて偉い」
（5）隣の子の絵を見ていたらほめる。
　→「真似をするのも勉強だ」

なかなか取り組もうとしない子は、ささいな行為でもほめて乗せる。

2　学習活動をほめよう

学習に取り組んでいるときは、望ましい取り組み方を発見したらほめる。
（1）太い描画の線をほめる。
　→「堂々とした線で描いたね」
（2）弱々しい描画の線をほめる。
　→「細くて優しい線で描いたね」
（3）絵の具に入れる水の入れ方をほめる。
　→「うまいなあ。筆から落として水を入れるんだね」

IV 「どうしたらいいですか？」対応の工夫

（4）筆を洗っているのをほめる。
→「すぐに筆をきれいにできるなんて偉いなあ」
（5）ゆっくり塗っているのをほめる。
→「少しずつ塗るんだね。とても丁寧ですばらしい」
（6）水の加減を薄めて塗っているのをほめる。
→「水を使ってとても良い濃さで塗っているね」
（7）絵の具を塗りたくらず、丁寧に塗っているのをほめる。
→「塗り方がいい！ 筆の動かし方が上手だね」
（8）紙を回しながら描く（はさみで切る）のをほめる。
→「描きにくいとき、紙の方を回して描くなんて、レベルが高いなあ」

望ましい学習をしている子を見つけてほめる。

3 作品をほめよう

作品を描いているときの子どもは不安で一杯だから、自信をつけるようなほめ方をする。
（1）小さく描いた絵を見てほめる。
→「かわいく描けたね」
（2）大きく描いた絵を見てほめる。
→「とってもしっかり描けたなあ」
（3）形をわずかでも変えて描いて（作って）いるのをほめる。
→「全部形を工夫している。天才だね」
（4）混色して創った色をほめる①。
→「すてきな色を創ったなあ。高橋カラーだ」
（5）混色して創った色をほめる②。
→「本物そっくりだ。リアルだね」
（6）混色して創った色をほめる③。
→「ひとつの色でいろんなバリエーションを作るなんてすごい！」
（7）隣りに塗った色をほめる。
→「色の組み合わせがすてきだ。デザインのセンスが良い！」
（8）動きのある人物の絵をほめる。
→「まるで本当に動いているようだね」

自信をつけさせるようなほめ方をする。

（高橋正和）

子どもの絵を
どう評価すればよいか

子どもの絵を評価するのではない。子どもがどのようにして取り組んだかを評価するのである。評価の観点は4つある。

私が授業中に評価する観点は次の4つである。

1　技能を身につけることができたか。
2　丁寧に取り組んでいるか。
3　最後まで取り組んでいるか。
4　個性的な工夫が出ているか。

1　技能を身につけることができたか

右の作品は「風に飛ぶ風船」という題材である。この題材で子どもが身につける技能は、水彩絵の具による混色である。

赤、青、黄の3原色で10色以上の色づくりができたか。

これができれば、ねらいを達成できたといえる。シンプルな授業で、授業者以外にも一目で評価できる。

2　丁寧に取り組んでいるか

子どもが絵を丁寧に描いていれば、それだけでも私は高く評価する。

子どもに丁寧さを教えるのは教師の仕事。指示の工夫があって、初めて子どもは丁寧に描く力を身につける。

「丁寧に着色しなさい」という指示を出しても子どもは変わらない。たとえば「マジックの線にさわらないように着色しなさい」という指示を出すと、子どもたちは変化する。丁寧に着色するようになる。

Ⅳ 「どうしたらいいですか?」対応の工夫

3 最後まで取り組んでいるか

八つ切り画用紙に最後まで取り組めるようにするためには授業の工夫が必要だ。

右は「遠近のある風景」という題材で描かせた作品だ。

①机の上に置いた植物 ②遠くの家並み ③空 ④地面 の順で描かせていく。

このように工程を教師が示して指導するから、子どもは最後まで描ききることができる。

子どもを外に連れて行き「さあ好きな場所で描きましょう」という授業では、ほとんどの子どもはどこをどう描いてよいかがわからない。

丁寧さを身につけさせるのと同様、最後まで描かせるのも教師の仕事である。

4 個性的な工夫が出ているか

授業で、教師の予想を超えた子どもの表現を見ることができれば、それは優れた授業だ。

右はクレヨンスクラッチで描いた「魔法の踊る猫」(題材編P84)という作品だ。

頭を描いた時、頭の位置に対し、手足の位置がかなり離れてしまった。

手足と胴体をどのようにつなぐかを見ていた。すると、この

子は猫の腕を胴体の後ろを通らせるというつなぎ方をした。

このような工夫を大いにほめた。

教師の予想をこえた子どもの大胆な表現。それまで考えもしなかった「踊る猫」の形を生み出した。

このような子どもの表現を私は高く評価する。

(高橋正和)

文化部（クラブ）活動 活性化のコツ

美術部（クラブ）を活性化させるには、運動部とは異なるアイディアが必要だ。1年間にいろいろなイベントを計画しよう。中学校美術部を活性化させた事例を紹介する。

1　活動を立て直す

文化部活動のポイントは

> 目標を明確にすることだ。

活動が低迷するのは、目標があいまいで生徒が何をしてよいのかわからないためだ。
　文化活動を活性化させ、生徒の心が豊かに成長した取り組みを、中学校の部活動を例に紹介する。

2　具体的な目標をつくる

まず美術部に次のような目標を与えた。

> （1）社会で認められる立派な人間になること。
> （2）技能を向上させるために日々努力すること。

（1）は「挨拶」「返事」「時間を守る」ことが大切であり、毎日実行させた。これらができないのであれば、校外へ連れて行くことができない。
（2）は美術部として当然のことだ。技能を向上させるために毎日の活動が存在する。
　保護者にもこの目標を知らせ、理解してもらった。

3　計画をつくる

活性化させるためにいろいろなイベントを計画した。

IV 「どうしたらいいですか？」対応の工夫

```
6月    スケッチ旅行
7月    県写生画コンクール出品
8月    地域で美術部作品展開催
9月    文化祭美術部展開催
10月   公民館祭り似顔絵コーナー開催
12月   公民館クリスマス飾り付けのボランティア
3月    先輩とのお別れ会
```

（１）スケッチ旅行

　港でまる１日、船や海の絵を描いた。真夏の日差しは暑かったが、生徒は弁当を持って出かけるとあってピクニック気分だった。
　写生を描く目的を話した。

コンクールに全員応募すること

　応募した県写生画コンクールでは、予想以上にたくさんの作品が入賞した。

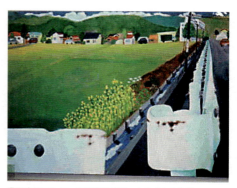
県写生画コンクール知事賞を取ったＡさんの作品。

　３年生Ａさんの作品は県知事賞に入った。すばらしい作品だった。同僚からも「すごいですね」と評価された。
　私はコンクールには消極的な方だが、もしコンクールに出品するという目標を持って活動しなかったら、Ａさんの素晴らしい才能も評価されないままだっただろう。Ａさんは、目標を持てたことで自分の力を発揮できたのだ。
　コンクールは、あるものを利用するという意図で、ターゲットを決めて出品すると効果がある。

（２）公民館で美術部作品展
　児童生徒の作品を、地域の人に見てもらう機会をつくろう。
　幸い、学校から徒歩10分の所に公民館があり、貸してくれるホールがあった。
　そこに作品を運び、会場を設営して絵を展示した。
　校外で一般人、特に地域の人に生徒の作品をアピールしたかったのである。公民館は地域の人がさかんに出入りする場所だ。しかも、無料である。最高の場所だ。

公民館で作品展を開催、運営した。家族はもちろん、地域の人がたくさん見てくれる。

期間は、夏休み中に5日間行った。

受付は、生徒が交替で行った。挨拶、返事が必要なことが、このイベントで生徒にもよくわかったはずである。

生徒に直接感想を言ってくれる人もいれば、受付に用意したノートに書いてくださる人もいて、生徒の活動にも力が入った。

（3）文化祭美術部作品展

文化祭ではこれまでに描いたベストな作品を展示した。

一人に一枚のパネルを担当させ、そこに自分のベストな作品やプロフィールを掲示した。

作品だけでは、人が集まってくれるかどうか不安だった。

そこで人集めのアイディアを練った。結局、美術教室を喫茶室にし、人を集めようということになった。

文化祭で作品を掲示した喫茶室を開く。満員になった。

当日は、そのアイディアが当たり、たくさんの生徒や保護者が集まってきてくれて、生徒も張り切って運営できた。

ここでのもうひとつのコツとして、絵を見て感想を書いてくれた人に引換券を渡し、ジュースを出すということにした。

（4）似顔絵コーナー

公民館祭りで似顔絵コーナーを行う。

事前に教職員にも協力を依頼し、似顔絵の練習相手になってもらった。

実際に取り組んでみるといくつも成果があった。

第一に、地域の人と触れあうことができた。自分のためだけでなく、絵を通して人

に喜ばれることで深い充実感を得た。また、一生懸命に描いた絵を「うまいねえ」「さすが中学生だねえ」と、直接たくさんの大人にほめてもらったことも自信につながった。

第二に、おもてなしの心や態度を養うことができた。これは私も少々厳しく指導した。「いらっしゃいませ」「ありがとうございました」などの挨拶はもちろん、描いている間にお客さんを退屈させないよう、差しさわりのない内容で話しかけることが大切だ。事前に練習して本番に臨んだ。

公民館祭で似顔絵に取り組む。地域の人がたくさん来てくれた。地域の人に喜ばれるだけなく、生徒には社会勉強になる。

第三に、お志をいただいた。募金箱を作って「お気持ちで良いから」とお客さんにお志を頂戴したのである。この収入を、生徒の油絵などの材料費に当てることができた。

（5）美術館見学

美術館には年間何度か足を運ぶ。

本物の作品に触れることは、美術の素養をつける上で一番大事だ。そのためには地元の福井市美術館と連携することが一番良い方法である。

福井市美術館で特別展が開催される度に鑑賞に出かけている。

また、遠出もする。夏休み中、日帰りで隣の石川県の金沢21世紀美術館へ出かける。21世紀美術館ではすてきな現代アートにふれることができる。

福井市美術館で作品を鑑賞する。『滝平二郎展』の開会式に出席したときの記念写真。

図画工作・美術が好きな子が集まる部、クラブを活性化させよう。

（高橋正和）

基礎基本編　執筆者一覧

井上和子
徳島県公立小学校

角銅 隆
北海道公立小学校

田村ちず子
TOSS大阪みおつくしサークル

寺田真紀子
大阪府公立小学校

野崎史雄
福島県公立小学校

高橋正和
福井県公立中学校

◎監修者紹介

向山 洋一（むこうやま よういち）

東京都生まれ。1968年東京学芸大学卒業後、東京都大田区立小学校の教師となり、2000年3月に退職。全国の優れた教育技術を集め、教師の共有財産にする「教育技術法則化運動」TOSS（トス：Teacher's Organization of Skill Sharingの略）を始め、現在もその代表を務め、日本の教育界に多大な影響を与えている。日本教育技術学会会長。

◎編集者紹介

高橋 正和（たかはし まさかず）

1957年福井市生まれ。新潟大学教育学部卒。1985年『跳び箱は誰にでも跳ばせられる』向山洋一著に出会う。1987年調布大塚小学校公開授業で向山学級を参観。法則化運動に参加。福井教育サークル結成。2014年現在、福井市明道中学校勤務。TOSS悠サークル代表。TOSS美術・技術家庭科研究会事務局。

新法則化シリーズ
「図画美術」授業の新法則　基礎基本編

2015年 2月20日　初版発行
2016年12月10日　第2版発行
2019年 8月30日　第3版発行

企画・総監督　向山洋一
編集・執筆　　TOSS「図画美術」授業の新法則 編集・執筆委員会
　　　　　　　（代表）高橋正和
企画推進コーディネイト　松崎 力
発行者　小島直人

発行所　株式会社 学芸みらい社
〒162-0833 東京都新宿区箪笥町31番 箪笥町SKビル
電話番号 03-5227-1266
http://www.gakugeimirai.jp/
E-mail：info@gakugeimirai.jp
印刷所・製本所　藤原印刷株式会社
ブックデザイン　荒木香樹
カバーイラスト　水川勝利

落丁・乱丁本は弊社宛お送りください。送料弊社負担でお取り替えいたします。
©TOSS 2015　Printed in Japan
ISBN978-4-905374-60-2 C3037

授業の新法則化シリーズ（全リスト）

書　名	ISBNコード	本体価格	税込価格
「国語」　～基礎基本編～	978-4-905374-47-3 C3037	1,600円	1,728円
「国語」　～1年生編～	978-4-905374-48-0 C3037	1,600円	1,728円
「国語」　～2年生編～	978-4-905374-49-7 C3037	1,600円	1,728円
「国語」　～3年生編～	978-4-905374-50-3 C3037	1,600円	1,728円
「国語」　～4年生編～	978-4-905374-51-0 C3037	1,600円	1,728円
「国語」　～5年生編～	978-4-905374-52-7 C3037	1,600円	1,728円
「国語」　～6年生編～	978-4-905374-53-4 C3037	1,600円	1,728円
「算数」　～1年生編～	978-4-905374-54-1 C3037	1,600円	1,728円
「算数」　～2年生編～	978-4-905374-55-8 C3037	1,600円	1,728円
「算数」　～3年生編～	978-4-905374-56-5 C3037	1,600円	1,728円
「算数」　～4年生編～	978-4-905374-57-2 C3037	1,600円	1,728円
「算数」　～5年生編～	978-4-905374-58-9 C3037	1,600円	1,728円
「算数」　～6年生編～	978-4-905374-59-6 C3037	1,600円	1,728円
「理科」　～3・4年生編～	978-4-905374-64-0 C3037	2,200円	2,376円
「理科」　～5年生編～	978-4-905374-65-7 C3037	2,200円	2,376円
「理科」　～6年生編～	978-4-905374-66-4 C3037	2,200円	2,376円
「社会」　～3・4年生編～	978-4-905374-68-8 C3037	1,600円	1,728円
「社会」　～5年生編～	978-4-905374-69-5 C3037	1,600円	1,728円
「社会」　～6年生編～	978-4-905374-70-1 C3037	1,600円	1,728円
「図画美術」　～基礎基本編～	978-4-905374-60-2 C3037	2,200円	2,376円
「図画美術」　～題材編～	978-4-905374-61-9 C3037	2,200円	2,376円
「体育」　～基礎基本編～	978-4-905374-71-8 C3037	1,600円	1,728円
「体育」　～低学年編～	978-4-905374-72-5 C3037	1,600円	1,728円
「体育」　～中学年編～	978-4-905374-73-2 C3037	1,600円	1,728円
「体育」　～高学年編～	978-4-905374-74-9 C3037	1,600円	1,728円
「音楽」	978-4-905374-67-1 C3037	1,600円	1,728円
「道徳」	978-4-905374-62-6 C3037	1,600円	1,728円
「外国語活動」（英語）	978-4-905374-63-3 C3037	2,500円	2,700円

学芸を未来に伝える
学芸みらい社 GAKUGEI MIRAISHA

株式会社 学芸みらい社 （担当：横山）
〒162-0833 東京都新宿区箪笥町43番 新神楽坂ビル
TEL 03-5227-1266　FAX 03-5227-1267
http://www.gakugeimirai.com/
e-mail info@gakugeimirai.com